体育教学与体育文化融合研究

童城旺　　朱培厚　　王晓岑　　著

吉林文史出版社

图书在版编目（CIP）数据

体育教学与体育文化融合研究 / 童城旺, 朱培厚,
王晓岑著. -- 长春 : 吉林文史出版社, 2024.5
ISBN 978-7-5752-0224-4

Ⅰ.①体… Ⅱ.①童… ②朱… ③王… Ⅲ.①体育教
学—教学研究②体育文化—文化研究 Ⅳ.①G807.01
②G80-054

中国国家版本馆CIP数据核字(2024)第099896号

体育教学与体育文化融合研究
TIYU JIAOXUE YU TIYU WENHUA RONGHE YANJIU

出 版 人：郭　婷
著　　者：童城旺　朱培厚　王晓岑
责任编辑：刘姝君
出版发行：吉林文史出版社
电　　话：0431-81629359
地　　址：长春市福祉大路5788号
邮　　编：130117
网　　址：www.jlws.com.cn
印　　刷：长春市华远印务有限公司
开　　本：787mm×1092mm　1/16
印　　张：10.25
字　　数：240千字
版　　次：2025年1月第1版
印　　次：2025年1月第1次印刷
书　　号：ISBN 978-7-5752-0224-4
定　　价：58.00元

前　言

　　新时代背景下大学生不仅要具备强壮的体魄，还要具有开拓精神和现代意识。实现高校体育教学与体育文化的融合发展是构建现代教学体系的必然要求，也是培养社会实用型体育人才的主要手段。

　　体育教学是学校教育的重要组成部分之一，目的在于培养具有健康体魄与创新精神的德、智、体、美、劳全面发展的合格人才。21 世纪，培养能创新、有思想、能协作、会生存的全面型人才是课程教育改革发展的需要，也是体育教育事业发展的需要。目前在素质教育发展的新阶段，"为了一切学生，为了学生的一切，一切为了学生"以及以学生发展为本的新理念给体育教师提出了新的要求。为此，教师在教学中必须解放思想、转变观念；尊重学生的主体地位，把学生的利益放在第一位；大胆尝试体育教学改革，及时摒弃不适应现代教学理念的传统思想与教学方式；有效地激发学生参加体育锻炼的积极性，同时提高体育课堂教学效果，促进学生身体素质的全面提高。

　　为了确保研究内容的丰富性和多样性，在写作过程中参考了大量理论与研究文献，在此向涉及的专家学者们表示衷心感谢。

　　虽然作者力求推新，但在编写中恐力不能逮，缺漏难免，不当之处，敬希匡正！

目 录

第一章 体育教学内容

体育教学内容是实现体育教学目标的重要手段。因此它在体育教学中扮演着无可替代的角色，没有内容任何教学都是空谈。所以，体育教学内容的革新与发展在体育教学改革当中起着举足轻重的作用。本部分将从教学内容的基本理论、层次与分类、编排与选择以及发展研究等方面对教学内容的革新与发展进行深入的探讨研究。

第一节 体育教学内容的概念、含义和作用

一、体育教学内容的概念、含义和作用

（一）体育教学内容的概念

体育教学内容，就是以达到体育教学目标为目的而进行的体育知识和技能体系等方面的选择和运用。

体育教学内容在体育教学实践中作为教师教与学生学的实践材料而存在，它的选择，是教育者根据教育的一系列要求，通过对前人体育和教育实践经验进行综合的总结，按照教育原则，进而从丰富的体育技能理论当中精挑细选而来的。教学内容在教师与学生中间扮演着中介和媒体的角色，决定着教师和学生之间的信息交流。体育教学内容对于体育教学方法和教学手段是起到制约作用的，同时决定着体育教学的效果和目标实现的程度。

（二）体育教学内容的含义

体育教学内容具有以下两个方面的含义：

（1）体育教学内容有别于一般的教学内容

第一，体育教学内容是在依据体育教学的目标选择的基础上，根据学生身心发展的

规律以及需要，在教学条件的允许下精心挑选和加工而来的。

第二，体育教学内容是在大肌肉群的活动状态进行的，具体形式有运动技术学习和教学比赛以及理论讲授等。

第三，体育教学内容的传授依赖于某种特定的体育教学条件。

（2）体育教学内容往往区别于竞技运动的内容

第一，体育教学内容存在的目的是进行教育，而竞技体育运动的内容的目的是娱乐和竞技，并不是进行教育。

第二，体育教学内容在成形之前必须根据教育目标的需要进行一定程度的改造和编排，而竞技运动内容可以理解为更加单纯的体育。

体育教学内容从形式上来说，跟其他学科的教育内容相比是有很大的区别的，体育教学的内容虽然从来源上讲是娱乐和竞技等方面，但与其本身在体系上有非常多的不同之处。这些特点使得体育教学内容独特，并且在教学内容中处于一种独特的地位，同时说明体育教学内容从选择、加工以教学当中，相比其他教学内容都更加复杂。

（三）体育教学内容的意义

体育教学内容最大的意义就是能最大限度上帮助体育目标的实现，在教学活动中体育教学内容是重要因素，而要实现教学的目标，体育教学内容也是不可或缺的条件，体育教学内容当中的每一个步骤都使得体育教学目标更加接近于实现。

在体育教师进行教学的过程中，体育教学目标是其执行教学方案的直接依据，因此体育教师对这方面内容的掌握和了解必须深入，只有做到这点，体育教师的工作才是合格的。同时随着社会的发展，体育教学的要求也不断提高，体育教学内容决不能一成不变，受限于特定时期内人的认知能力是有限的，所以随着时代的发展体育教师对于体育教学内容的钻研学习必须是持续的。体育教师不断钻研学习教学内容的过程就是教师自身提高的过程。

体育教学内容必须经过对学生的身心发展特点进行研究和在已有体育水平进行研究的基础上才能进行选择和确定，所以从身心发展方面，体育教学内容应该起到进一步的积极促进作用。需要指出的是，这种积极作用要想从理论转变为实践，那么必须由体育教师进行细心的指导，这样教学内容才能发挥最大的作用。这就要求体育教师能够循循善诱，将制定编选的教学内容非常完美地转化成学生发展所需的内容，使其真正感知到这是必需的，这样教师的教和学生的学才能真正融会到一起，促成师生双方的共同进步。

综上所述，体育教学内容科学而合理的选定非常有益于学生在体育课程当中的学习，同时强身健体，在体育方面养成良好的习惯，使学生德才兼备，并且不失个性。

二、体育教学内容的特点

（一）运动实践性

体育教学内容摄取的特点及其主要构成是体育运动项目以及相关的身体练习，所以其实质是身体运动的一种实践，而其他教学内容都不具有这种特质。相关学者的观点认为，体育教学内容"是以有关身体运动的学习和身体运动的技能形成为主要培养目标的内容；是以运动为媒介，以大肌肉群的活动状态进行教育的内容"。体育教学内容的学习并不单单是学生大脑思维的活动，学生不光要对内容进行理解，并且要在实际上进行运动学习以及身体练习，在这一过程中，要通过运动中的肌肉本体感觉的形成与动作的记忆，来判断学生是否真正掌握了教学内容，因此在体育教学内容中，学生的学习是要将思维和行为联系起来的。所以体育教学内容的学习尤为强调练和做等实践行为。

（二）健身性

从广义来说，体育的功能就是增强体能、增进健康。体育教学内容的学习，从过程来讲，实际是学生对一定的体育知识和技能学习并同时进行一定的身体练习的一个过程。学生进行身体练习的同时必然承受相当的运动负荷。体育教学的主要目的就是通过对身体练习的运动负荷量以及强度进行合理的安排，通过一定的手段加以调控，从而使学生的体质得到增强，变得健康。体育教学内容对于学生有增强体质、保持健康的作用，在所有的教学内容中是不可取代的。

（三）娱乐性

体育教学内容的主要来源是体育运动项目，体育运动项目大多具有很强的运动性以及竞技性，同时体育运动项目具有相当的趣味性、娱乐性的特点，所以体育教学内容的学习方式往往是运动学习以及运动比赛。只有在这一过程中体育教学内容才能真正地体现。这些运动之所以具备乐趣，就是源于运动学习和运动竞赛过程中存在的诸如竞争、合作、表现欲等一系列的心理过程，在这些心理过程中就能够体会到很大程度上的乐趣，学生对运动的新的体验和学习的成就感也会增强。除此之外，运动的环境、场地、比赛规则、比赛形式等的变化也能够体现体育教学内容的娱乐性。学生在教师的领导下钻研体育教学内容时，不可缺少的动机之一就是对运动乐趣的追求，所以在追求运动乐趣的过程中学生就会得到一些从别的教学内容当中无法习得的体验，从而在情感上获得深刻而丰富地陶冶，达到愉悦身心的目的。

（四）人际交往的开放性

体育教学内容的主要形式是集体活动，并在集体的基础上进行的运动的学习和竞赛，运动的进行方式与其他教学内容不同，往往是进行时空的变换。因此，在体育教学中对运动的学习、练习和比赛当中学生之间有频繁的交流，所以相比其他学科的教学内容，体育教学内容在人际交往的方面有明显的开放性。体育教学内容正是由于人际交流的开放性，并以此为基础而体现出其对集体精神、竞争精神进行协同培养的独特功能，这样在体育教学内容的学习过程中，老师与学生之间、学生与学生之间的关系能够密切，在教学内容以小组为单位进行时，组内的分工得以明确。体育教学内容的学习过程中，学生、老师在角色变化上相较其他学科更多，因此体育教学内容能够帮助学生提高社会适应能力。

（五）非逻辑性

体育教学内容相比其他学科教学内容，不同的地方体现在，体育教学内容往往不存在一般学科教学内容之间由易到难、由简到繁的清晰阶梯性结构，在逻辑结构上，没有从基础到高级的明显体系，体育教学内容的排列并不是直线递进式的，而是复合螺旋式的。体育教学内容的组成是众多的相互平行的、可以替代的运动项目以及身体练习，其中有丰富的体育与健康的理论知识。这种特性使得体育教学内容在选择时灵活性强。

第二节　体育教学内容的划分和编排

一、我国体育教学内容的划分

在进行我国体育教学内容分类和整理问题方面，多年来，体育教学大纲的制定者在尝试了许多分类方法后，仍然没有完全解决这个问题。如人民教育出版社的王占春研究员在谈及体育教学内容分类时曾说：多年来，在编订大纲和教材时，都对如何优选体育教学内容、教材如何组合分类进行探讨和实验，但问题解决得并不十分理想，其中难点较大的是教材分类的问题。

正确的用语应该是"划分"，而不是"分类"对于划分的依据，我国一些学者提出了不同的观点，主要有：①以人体基本活动能力分类；②以身体素质分类；③以教学目的分类；④以运动项目分类；⑤综合交叉分类。但很多学者对于以上各类方法提出了不同的意见，认为都有不同的漏洞，如"以人体基本活动能力分类"的漏洞是：只从技能看待教材不符合中小学教学特点和目标要求、忽视运动项目的客观存在、实用性差；"以身体素质分类"的漏洞是：只从身体素质着眼会使目标单一化，有些项目不能以身体素质来量化，会导致单纯追求身体素质的发展，而体能目标是综合的；"以运动项目分类"的漏洞是：会形成只追求比赛技术而影响学生锻炼，会将体育目标、手段、方法狭隘化，会形成"主要技术"和"辅助技术"之分。

要分析与批评每一种划分方法比较容易，但要构建一个比较客观相对科学的划分是困难的，我国体育教学大纲中较为常见的划分是"以身体素质进行分类"和"以运动项目进行分类"，但又有学者提出了这种"交叉综合分类"（"提升身体素质练习"和"各项运动教学内容"放在一起），首先违反了"同一划分的根据必须同一"（即在同一次划分中必须以同一标准为依据）的原则，而且比分类后的子项不是互相排斥的，而是相互包容的。

二、我国体育教学内容的编排

体育教学内容的编排方式一般有"直线式排列""螺旋式排列"以及两者混合而成的"混合型排列"。关于"直线式排列"和"螺旋式排列"所适用的教学内容，历次的体育教学大纲只是提到那些"锻炼身体作用大的教材"适合于"螺旋式排列"。而关于什么体育教学内容适合于"直线式排列"没有言及。

关于体育教学内容编排的理论还存在着一定的问题：

（1）并非"锻炼身体作用大的教材"才适合"螺旋式排列"。因为一些有难度、有深度，要求学生熟练掌握运动技能的教学内容更需要"螺旋式排列"。

（2）没有阐明哪些运动实践教学内容适用于"直线式排列"。历次的体育教学大纲均未说明过这个问题，仅是举例说体育卫生知识可采用直线排列。因此，哪些运动实践教学内容适用于"直线式排列"成为传统体育教学内容排列理论的"盲点"。

（3）没有明确说明"直线式排列"和"螺旋式排列"单元的区别。比如，每学期3

课时"螺旋式排列"、一次3课时"直线式排列"和一次30课时"直线式排列"对教学计划安排和教学效果的作用都是不一样的。如果没有区别，那么以往理论所说的"螺旋式排列"和"直线式排列"到底有什么不同？如果说不可能有这样统一的规定，那么什么内容适合30课时"螺旋式排列"、什么内容适合3课时"直线式排列"、什么内容适合30课时"直线式排列"等就必须说明。

教育科学出版社《体育与健康》教材提出了教学内容新的排列理论：体育教学内容排列中的"循环周期"现象。所谓教材排列的循环，指同一教学内容在不同学段、学年等范围内的重复安排。这种循环有以课为周期的循环、以单元和学期为周期的循环、学年为周期的循环、以学段为周期的循环等。举例来说，上节课上100米跑，下节课还上100米跑就是以课为周期的循环；在上学期安排100米跑，在下学期还安排100米跑就是以单元和学期为周期的循环；在七年级安排100米跑，在八年级还安排100米跑就是以学年为周期的循环；在七年级安排100米跑，在高中一年级还安排100米跑就是以学段为周期的循环；等等。根据以上理论，毛振明从不同的内容性质对体育教学内容进行了四个层面的排列：①"精学类"教学内容（充实螺旋式）；②"粗学类"教学内容（充实直线式）；③"介绍类"教学内容（单薄直线式）；④"锻炼类"教学内容（单薄螺旋式）。

以上编排方式较好地落实了新课程标准对体育教学提出的新要求，并根据体育教学内容分层及排列理论，结合当前体育教学内容和教学时间的现状，有创新性地将学的、练的、介绍的、体验的内容合理编排在体育教学中。因此，我们认为它是新课程改革以来值得推广的编排方式。

（一）高校体育教学内容和手段现代化

高校体育教学内容和手段的现代化革新发展，体现现代化体育课内容符合现代体育教育的需求，其教学内容具有实用性和灵活性的特点，能够保障体育教学的任务和目的顺利完成。体育教学内容现代化发展包括课程内容和教材取向现代化发展方向，其中蕴含科学性理论内容能够帮助新时代学生完成学习任务，使体育课程内容更具时代发展的活力。高校体育教育现代发展进程中课程内容革新有利于拓展教育信息，减少教育受到的空间和时间的限制，使体育课程内容更具具象化，最大限度调动学生学习感官，保障体育教学的实用成效。科学技术的发展使教育现代化发展进程加快，体育课程逐渐向全新的方向发展，教育现代化的手段不断增多，体育电脑教学和电视教学逐渐被采用。

体育教学手段现代化发展还体现在教学资料和信息更加丰富，各种类型的体育赛事和资料被应用，现代化教学发展改变传统教学的束缚性，提高体育课程的教学实效，使学生更愿意投入更多精力在学习体育知识方面，从而保障体育课程在新时代背景下健康发展。

（二）高校教学内容更新速度加快，增强学生学习体育的兴趣

教育现代化发展背景下进行课程革新能够实现教学信息资源共享，现代化技术的发展使教学信息更新速度加快，为高校体育课程发展提供机遇。现代化信息技术的应用为教师提供更多课程选择的机会，也为学生学习提供更多丰富的内容，使高校获取教学全新技术和全新内容的效率不断提升，提升高校教学把握时代发展的能力，促进体育教学整体性革新发展。教学内容更新速度的加快使学生能够全面感受到体育课程内容的感染力，学生在富有现代化特征的教学内容下进行理论课程学习，能够帮助学生实现学习探究，提升学习体育理论内容的成效。体育课程现代化发展能利用网络的趣味性增强学生参与体育活动的兴趣，对教学实践活动的开展更加期待，长此以往学生对运动的需求使其能主动参与体育运动，提升体育课程内容的参与程度。另外应用网络丰富资源进行教学革新能提升学生对于知识的理解能力，并在实践活动中自身问题进行及时的判断，从而实现学生综合型德、智、体、美、劳全面发展。

（三）21世纪改革对体育教学内容的虚化

21世纪的体育教学改革实行了三级课程管理体制，这一体制彻底放弃了对体育教学内容的规定性，给予地方和学校以极大的对体育教学内容的选择权利。而体育课程改革确立的"目标统领内容、内容为目标服务"的体育教学内容总体原则，将体育教学内容的选择按照体育教学的领域目标设定为"运动参与、运动技能、身体健康、心理健康与社会适应"四个方面的内容，彻底放开了体育教学内容，放开了体育教师对体育教学内容的选择。

第二章 体育教学设计理论体系的构建

第一节 体育教学设计理论体系构建的环境

一、"体育（与健康）"新课程实施的要求

在"体育（与健康）"新课程的实施推广过程中，一线的中小学体育教师普遍反映最强烈的问题是："我究竟该如何上课？"在与上海、浙江、江苏、山东、安徽等省市近500名中小学体育教师的座谈中发现，他们当中不管是副校长、教导主任、教研组长，还是普通教师，都接受过不同层次、不同形式的"新课程标准"的培训，对新课程理念和教学理论也都有不同程度地理解和把握。但是，问题的焦点主要集中在如何在体育教学实践中贯彻新课程、新理念，在课程标准的指导下，究竟该教什么、怎么教、为何教。在体育教学实践中，具体该如何制订课程实施方案、制订教学计划？怎样确定并陈述具体的教学目标？选择什么教学内容并如何选择？学习任务该如何分析？具体教学过程该怎样设计？怎样去评价一堂体育课？对这些在体育教学实践中具体碰到的问题，教师感到迷茫，缺乏一定的理论和专业技能，但有一点值得庆幸，我们已隐约看到了广大体育教师的专业觉醒和专业自觉。

在体育教学理论、新课程理念与学校体育教学实践之间，似乎还缺些什么，架构些什么来联结体育理论与体育教学的实践，用什么来填补它们之间的空白呢？我们的思维在理论与实践的断裂处穿行……

二、体育教师专业发展内涵的要求

教师专业发展问题在20世纪七八十年代成为欧美国家教育界一个蓬勃发展的研究领域，不仅"师资培育"已经逐渐发展成为"专业教育"的形态，在职教师的持续专业发展也已变成一种"常态性"的期望，教师专业发展成为传统的"师范教育"与"教师在

职进修"概念的整合与延伸。教师的专业发展这一概念把教学工作视为一种专门职业，把教师视为一个履行教育教学工作的专业人员。要成为一个成熟的教育专业人员，教师需要通过不断学习与探究来拓展其专业内涵，提高专业水平，从而到达专业成熟的境界。

从教师专业发展的内涵来看，根据教师所从事的工作特点，一般认为教师的基本素质要求应涵盖三个基本范畴：教师专业知识的发展（普通文化知识、任教学科知识、教育学科知识）、专业技能的娴熟、专业情意的健全。

教师必须具备从事教学工作的基本技能和能力，教师专业发展的过程也是一个专业技能不断形成、娴熟，专业能力不断提高的过程，这是体现"教师教学行为专业性"的重要方面。那么，教师专业发展过程中应关注哪些基本技能和能力呢？

1994 年，原国家教委颁布《高等师范学校学生的教师职业技能训练大纲（施行）》，要求师范生在教育学、心理学和学校教育理论指导下，以专业知识为基础，掌握从事学科教学的基本要求，形成独立从事学科教学工作的技能。这些技能包括：

（1）教学设计技能；

（2）应用教学媒体技能；

（3）课堂教学技能；

（4）组织指导学科课外活动技能；

（5）教学研究技能。

在上述有关教师的职业技能要求中，第一条就要求教师具备"教学设计技能"，而教学媒体的应用、课堂教学技能、课外活动的组织指导、教学研究的技能等也都属于教学设计研究的范畴。体育教师是一个履行体育教学工作的专业人员，体育教学设计技能也是体育教师专业发展的要求。

"体育（与健康）"新课程，在课程功能、结构、内容、实施、评价和管理等方面都较以往有了重大创新和突破。它要求广大体育教师改变多年来习以为常的教育观念、教学行为和工作方式，重塑自我，重构课堂，重建教学，对教师专业发展提出了严峻挑战，促使我们必须在新课程背景下重新认识教师专业发展。

然而，纵观我国体育教师的教育培养，在体育教师专业发展的整个过程中，不管是职前的师范教育还是职后的体育教师在职进修、培训，都缺乏对体育教师专业技能——"体育教学设计"的培养，具体表现在理论的匮乏和课程的缺失上。

所以，构建体育教学设计课程的理论体系，使体育教师掌握体育教学设计方面的理论知识和实践技能，是体育教师培养和发展的专业理论结构的自我完善，是体育教师专业发展的要求，更是实施"体育（与健康）"课程标准过程中亟须解决的一个重要问题。

第二节　教学设计理论研究综述

一、教学设计理论研究概述

教学设计是在教育哲学、教育心理学理论指导下，从教育技术领域中发展起来的一种教学系统方法，其特征是通过技术的手段使教学更加卓有成效。

教师在掌握了各种专业知识（普通文化知识、任教学科知识、教育学科知识）、媒体的设计和使用方法后，关键在于能否运用系统理论和方法对各种学习资源及整个学习过程进行优化处理，促使有效学习发生在每位学生身上。从传统的教学观点来看，教学过程涉及教师、学生和教材。学习的内容包括在教材中，将这些内容"教"给学生就是教师的责任。教学被看成将教材中的内容装入学生的头脑且在考试时再次被提取出来。这样，改进教学的方法就是提高教师的水平，或者说，教师将拥有更多的知识以及掌握将知识传递给学生的多种方法。教学过程的现代视野则将教学的过程看成一个系统的过程，这一过程中的每一个部分对成功的学习而言都是重要的。因此，优化教学过程是重要的。要实现这一目标，就必须掌握教学设计的理论和方法。从这一方面来说，教学设计是现代教育技术的核心内容。

（一）教学设计的思想萌芽

教学设计学是融合了许多不同学科的重要理论概念而形成的一个新的知识体系，因此它的出现与发展同其他学科的发展有着密不可分的联系，其中教育学、心理学、传播理论发挥了重要的作用。

建立教学设计学的构想最初源于美国哲学家、教育家杜威（John Dewey），他提出应建立一门所谓的"桥梁科学"（Linking Science），以便将学习理论与教学实践连接起来，目的是建立一套系统的与教学活动有关的理论知识体系，以实现教学的优化设计。但由于当时条件的限制，教学设计学还仅仅是处于萌芽状态，并未形成系统的理论体系。

（二）行为主义学习理论对教学设计的影响

教学设计理论体系的建立和发展主要取决于两方面的因素，即教育心理学的发展和社会的需求。在教育心理学研究领域，斯金纳（B. F. Skinner）、加涅（R. Gagne）和奥苏伯尔（D. Ausubel）等人发挥了重要的作用，正是他们真正创立了这门学科。

教学设计概念的产生可以追溯到第二次世界大战。由于战争的需要，美国军队必须对士兵进行一定的培训以掌握先进武器中的技术。大量的从事心理学和教学研究的专家被应征入伍以便完成培训和提高教学质量。他们将研究中所得出的学习规律应用于教学，形成一整套系统分析的方法。例如，行为分析，为特定学习目标而进行的教学设计等，就是应用教学设计理论的最初尝试。但是当时的大部分教学尝试以失败告终。曾参与这些培训计划的学习心理学家加涅在总结经验教训的基础上提出了自己的教学设计思想。其基本观点是按知识学习从简单到复杂、从低级到高级的顺序，等级化地安排教学步骤，从而促进知识的获得。他的学习任务（特别是智力技能学习任务）分析的思想为现代教学设计学的发展做出了重要的贡献。

至 20 世纪中叶，行为主义迅速发展，行为主义学习理论代表人物斯金纳提出了刺激—反应理论并将它应用于教学实践，出现了程序教学和教学机器。

其基本思想是将学习内容分成一系列小步子，后一步的学习必须建立在前一步知识掌握的基础上。学习者主动从事这些小步子的学习，自控学习的进度，就能获得好的学习效果。如果学习取得成功，则应立即给予学习者以"报偿"。在这一理论的指导下，美国于 20 世纪 60 年代兴起了一场"程序教学运动"。程序教学以其精确组织的个别化、自定步骤的学习，确立了许多有益的指导原则。它建立的一系列学习原则和开发程序教材的系统方法，对教学设计理论模式的发展具有重要的影响。此外，在这一时期中，奥苏伯尔的渐进分化的思想，如运用先行组织者，然后呈现一系列具体的下位概念和例子；布鲁纳（J. Bruner）依学生成绩而逐渐提高学习复杂性的思想；马克勒（S. Markle）和墨里（J. W. Moore）等运用教学理论促进概念获得的思想，都对教学设计的发展做出了较大的贡献。

在 20 世纪中期，除了教育与心理学对教学设计的发展起较大作用外，有两个社会事件同样促进这一研究领域的发展。一是二战后婴儿的出生率大幅提高，对当时的教育体制提出难题，学校被迫吸收大量的学生，为了保证教学质量，必须进一步改进教学方法。二是苏联于 1957 年发射人造卫星，美国教育与技术方面的优势感荡然无存，当时的教学方法与手段再一次受到挑战。正是这两件事促使美国政府下定决心，投入大批资金对课程与教学方法进行改革。而在欧洲，战后经济的恢复与发展要求教育的投入比重加大，如德国的教育发展目标是扩大办学规模，提高受高等教育的人口比率，但这对学校所能提供的教育系统与课程提出挑战。要解决这一问题就要求学校能够提供足够的教育资源。

在教学设计的早期发展阶段，教学设计明显地带有行为主义色彩。研究者都倾向于形成一种理想的基于系统理论的教学方法，其目标在于形成一个教学方案，从行为层面明确教学目标，帮助大多数学生完成学习任务。如在《准备教学目标》一书中，马杰（R. Mager）详细阐述了可观察、可测量的行为目标。这一时期的教学设计依据行为主义总结出来的一些学习规律，主要进行任务分析和确定学习的行为目标。任务分析的目的是确定学习者将要完成任务的子能力或任务的构成，设计一些子目标来促使学习者获得这些子能力。安排这些子能力的教学步骤可以促使一个学习者学习任务的完成或教学目标的实现。

（三）认知学习理论对教学设计的影响

从教学设计发展的第一阶段可以看出，程序教学是教学设计的方法学上的依据。但是在 20 世纪 60 年代末，这一依据受到来自理论与实践的双重困难：在理论上，斯金纳及其他行为主义者提出的学习理论过于简单化，忽略了学习者主体因素和教学情境的变化，尤其对于课堂中复杂的学习任务不能解释，而一些强化、奖励、行为目标的观点或结论也被后来的研究者否认或修正。同样，在教学实践中：程序教学中的一些材料往往没有传统的教学材料有效。于是，教师开始对这一教学设计的有效性产生怀疑。

在 20 世纪 60 年代末以及整个 70 年代，认知学习理论逐渐代替行为主义，成为教学设计的指导思想。教学设计研究者开始从教学的行为模式转向以学习者心理过程为基础的教学理论。这一时期，研究者重新考虑学习理论，以及如何将这些理论与教学设计相联系：他们试图详尽阐述学习者学习的内部过程和内外条件并据此进行教学分析。行为目标式的任务分析开始转向注重教育情境中的不同知识与技能领域内的能力发展过程设计。研究者运用任务分析的方法来区分某一特殊领域内的新手和专家，并确定各自的专业知识与技能的特点，特别是专家的认知结构与信息加工方式，如注意与记忆的特征以及知识贮存的方式等（Glaser，1978）。他们希望通过此类研究确定学习的规律和特点，并通过教学促进有效的学习。加涅等（1992）将自己的教学设计与认知理论相结合。他将学习结果分为五类：言语信息、智慧技能、认知策略、动作技能和态度。除了学习过程中的一般因素，如联系和强化等，这一理论还强调依据不同的学习结果类型确定学习的内外条件，教学应与学习者先前学习行为相联系。梅里尔（M. D. Merrill）提出教学设计的成分呈现理论。这一理论虽源于加涅的思想，但更注重教学的实效。他在概念学习研究的基础上，设计了一套用于呈现教学内容的教学呈现分类技术，用以传达学习信息和向学生提问，并将学习结果的分类进一步扩展，即将学习内容和学习行为表现分离开来。

此外，认知心理学中关于知识生成的研究结论也被应用到教学设计中，这些研究产生了许多针对学习过程的策略，如问题解决策略、信息组织策略、降低焦虑策略、自我监控策略、元认知与执行性策略等。而这些研究使得研究者更新了原先的一些教学设计观点。例如，熟练的自动化技能与认知策略具有不同的学习特点与教学特点；复杂学习任务必须建立在低一级子能力或任务的掌握基础之上；等等。

（四）教学设计理论的整合

到了20世纪80年代，教学设计研究者开始倾向将不同的教学设计理论综合成一个行之有效的总体模式。

赖格卢特（C. Reigeluth）的精加工理论就是这样一个整合的教学设计理论。

这个理论要求教学设计者通过分析，将概念按照其重要性、复杂性和特殊性进行排列：教学先从大的、一般的内容开始，逐步集中于任务成分的细节和难点，然后又整合成一个较大的观念。通过这样的反复过程，学习者可以获得对这一知识的细化理解。这一理论综合了多种不同的理论观点，包括加涅和奥苏伯尔等人的思想。另外一个教学设计整合理论是藤尼森等（Tennyson）提出的概念教学理论。他们强调概念教学包含三类知识（陈述性知识、程序性知识和策略性知识）的教学，每一类知识需要不同的教学策略。而教学策略的选择需要对学习内容和学习者的需求进行分析。这一理论的任务分析强调的是学习情境而不是学习行为的特征。

在20世纪90年代，建构主义理论对教学设计理论起了较大的作用。在这一时期，学习者与教学媒体、教学情境的结合是教学设计发展的一个重要特征。根据建构主义的观点，学习者具有积极的自我控制、目标导向和反思性特点，通过在学习情景中的发现过程和精加工行为，学习者能建构自己的知识。因此，可以利用灵活、智能化的处理来满足变化着的学习需求。建构主义这种强调教学整体性、变化性的思想导致教学设计理论中一个重要的思想变化：学生学习的内容应该是知识与技能的整合体，而不是各种子能力或任务的分解：教学设计的内容应该是与特定教学情境相联系的学生整体知识的获得与运用。

20世纪80年代末、90年代初，教学设计的理论与实际工作者仍继续关注具体领域的能力结构及学习过程，并设计教学方案来促进这种能力的形成。在不同教学方法中，无论是强调成分技能获得的掌握学习模式，还是强调整体能力提高的结构化学习模式，它们都蕴涵含这样两个思想：①学习是情境化的，是一个积极运用原有知识来完成特定问题解决任务的过程；②问题解决策略的运用具有重要的作用。因此，在行为主义者眼中，学习者为情境所塑造；而在认知心理学研究者眼中，学习者积极地塑造情境来促进自己的学习。

二、教育教学设计理论的研究方法

（一）文献法

在书店、图书馆、因特网搜集、查阅有关教学设计、教育心理学、教育社会学、教育技术学、学校体育学等方面的与本研究有关的大量文献资料和研究成果，并对资料进行整理和归纳，为建立体育教学设计理论奠定基础。

（二）调查、访谈法

以实地调查研究和参与观察为主，同时包括访谈法、问卷法，来获得体育教学设计的现状，是资料收集的关键方法。

（三）逻辑学方法

运用逻辑学方法，在分析、比较诸如教学、学习、教学设计、体育教学理论、体育教学法等概念、本质和有关理论观点的基础上，提出体育教学设计的基本概念和理论体系，并提出了一些具有创造性的设想。

（四）统计分析法

对调查所获得的资料和数据的处理，运用 Excel 制作调查统计表，并进行数据统计。

第三节　体育教学设计理论体系的构筑

一、体育教学设计的概念

体育教学设计，亦称体育教学系统设计，是面向体育教学系统而解决体育教学问题的一种特殊的设计活动。它既具有设计的一般性质，又必须遵循体育教学的基本规律。

（一）体育教学的概念

体育教学包括体育科学理论知识的教学和体育运动技术、技能的实践课教学，并且以后一种教学为主。体育教学作为一个教育过程，同其他学科的教学有相同之处，即都是教与学的互动，都是在教师的指导下，有目的、有计划、有组织地实现教育、教养、发展任务的过程。但体育实践课教学又有自己的特点：以身体活动为主要手段来传授和掌握知识、技术、技能。

体育教学是教与学的统一活动，是学生在教师有目的、有计划、有组织的指导下，积极主动地学习体育、卫生保健知识和基本技术、技能，锻炼身体、增强体质、促进健康、发展运动能力、培养思想品德的教育过程。

（二）设计的概念

设计是为了解决一个问题，在开发某些事物和实施某种方案之前所采取的系统化计划过程。设计者在系统地计划项目时必须非常精细和科学。

设计要科学、合理，要遵循一些基本标准，如大楼设计要服从安全第一这个原则。须考虑许多因素，这些因素会影响计划的实施。教学设计者也要考虑能影响教学取得成功的各种因素。我们将逐一指出并阐述体育教学设计者在制定体育教学设计方案时应该考虑哪些因素，并将它们纳入一个系统化的体育教学设计过程模式。

设计追求创造性。若由几个建筑设计师分别设计同样的项目，虽然人、财、物和环境等条件相仿，但提出的结构方案可能极其不同，有些方案可能是富有想象力和创造性的，而有些可能比较呆板和程式化。那些富有想象力和创造性的建筑会给人留下深刻印象，而那些平庸之作马上会被人完全忘记。正像建筑设计得益于创造性和想象力那样，教学设计的工作也是如此。虽然有关的体育教学设计理论会讨论到一些教学设计时需要操作的规则，但使用这些规则时必须赋以想象和独创，使设计出来的教学方案不仅切实有效，而且别具一格。

（三）体育教学设计的含义

体育教学是体育教师引起、维持、促进学生体育学习的所有行为方式。体育教师的主要行为包括教师的示范、师生对话与指导，辅助行为包括激发动机、期望效应、课堂交流和课堂管理等；体育教师通过这些行为活动，在课堂上有计划、有组织、有目的地使学生获得体育知识、技能，形成道德品质和世界观，发展智力和个性。为了提高体育教学的质量，在实施教学前，体育教师要对教学行为进行周密的思考和安排，考虑教什么、如何教、要达到什么要求等，也就是必须对体育教学活动进行设计。

体育教学设计是指以体育专业理论（运动人体科学的基础理论、体育心理学、体育教学理论等）以及学习理论、传播理论、教学媒体论等相关的理论与技术为基础，运用系统方法分析体育教学问题、确定体育教学目标、设计解决体育教学问题的策略方案、试行方案、评价试行结果和修改方案的系统化计划过程。它不是力求发现客观存在的尚不为人知的体育教学规律，而是运用已知的体育教学规律去创造性地解决体育教学中的问题。

"教师是人类灵魂的工程师。"一个体育教学设计者就是一个工程师，他们要根据过去已经获得的成功的体育教学原理来计划自己的工作，帮助学习者改变自己的思想、知识、行为、体能，力图使自己设计的成果不仅有实用价值，而且能吸引和感染他们的"用户"。

事实上，有事业心的体育教师为了追求教学的效果和效率，都在自觉不自觉地进行着体育教学设计工作，但这种设计往往受到教师自身教学经验、知识水平、传统习惯、工作环境等因素的限制，所以它是一种经验式的体育教学设计。

现代教育技术意义上的体育教学设计本质上是一个分析体育教学问题、构建解决方案，并对该方案进行预试、评价和修改，为体育教学最优化创造条件的过程；形式上是一套进行系统化计划的具体工作步骤和程序；实际成果是经过验证的各个层次的体育教学系统实施方案，包括体育教学目标、教学计划、教学大纲、教学进度、教学方案和为实现一定体育教学目标所需的整套教材（印刷的或视听的）、学习指导、教师用书等。

二、体育教学设计的特点

就体育教学设计工作本身来说，它具有系统性、灵活性、科学性和艺术性等特点。

（一）体育教学设计的系统性

体育教学设计过程是一个科学逻辑的过程，体现了体育教学设计工作的系统性。在进行体育教学设计时，需要在分析论证所存在的教学问题的基础上设定目标，然后密切围绕既定目标设计教学的各个环节，从而保证了"目标、策略、评价"三者的一致性。体育教学设计从体育教学系统的整体功能出发，在工作程序上，往往不是先完成一步再开始下一步的，而是不断往复、相互补充，综合考虑教师、学生、教材、媒体、评价等各个方面在体育教学中的地位与作用，使之相辅相成、互相促进，产生整体效应，保证了体育教学设计整体上的系统性，达到了体育教学效果的最优化。

（二）体育教学设计的灵活性

虽然体育教学设计过程具有一定的模式，需要按照既定的流程进行，但体育教学设计的实际工作往往不一定按照流程图所表现的线性程序开展。有时候，没有必要或不可能完成所有的工作步骤。例如，学习需要分析是体育教学设计过程模式中一个重要的教学设计环节。但我国中小学体育教学属于基础教育，由国家教育决策部门统一制定"体育（与健康）"课程标准，因此，中小学体育与健康课的教学设计，就不需要再到社会上去进行对学习需要的分析论证工作。所以，在进行体育教学设计时，我们应根据不同的情况和要求，灵活地决定从何处着手工作，重点解决哪些环节的问题，略去一些不必要开展或无法开展的工作步骤，因地制宜地进行体育教学设计。

（三）体育教学设计的科学性

体育教学设计是一门科学。科学的真谛在于求真，体育教学设计是在人体解剖学、人体生理学、体育保健学、运动生物化学、体育心理学、体育教学理论等体育专业理论以及教育传播理论、教学媒体理论和教学评价理论的指导下，根据学和教的基本规律，尊重学生的兴趣爱好，尊重学生的个性特征，建立起合理的体育教学目标、内容、方法的策略体系，科学地运用系统方法对各个体育教学要素及其联系进行分析和策划。

（四）体育教学设计的艺术性

体育教学设计是一门艺术。艺术的生命在于创造，体育教师在进行体育教学设计的过程中，要根据教材、学生的不同特点、不同的教学环境条件，发挥个人的智慧，进行创造性的劳动。艺术具有丰富的审美价值，一份好的体育教学设计方案，既新颖独特、别具匠心，又层次清晰、富有成效，会给人以美的享受。

三、体育教学设计的意义

体育教学设计既是体育教学中的一个重要环节，也是一项复杂的体育教学技术。学习体育教学设计具有重要的意义。

（一）有利于体育教学工作的科学化

传统体育教学中也有体育教学设计活动，但多以课堂、书本及教师为中心，有的却又片面地强调体育教学中学生的主体作用，以儿童（学生）为中心，教学上的许多决策都是凭教师个人的经验和意向做出的。例如，在制订体育教学计划时，教师往往根据本人认为某内容是否重要、对有关内容是否熟悉、有无现成教学大纲可用等来决定教学内容。有经验的教师凭借这种途径也能取得较好的效果，这正是体育教学艺术性的表现。但对于绝大多数教师来说，能掌握这门艺术的人毕竟有限，而且教学艺术难以传授。体育教学设计则克服了这种局限，将体育教学活动建立在系统方法的科学基础之上，使体育教学手段、过程成为可复制、可传授的技术和程序。只要懂得相关的理论，掌握科学的方法，一般教师都可较迅速地实际操作。因此，学习和运用体育教学设计的理论与技术是促使体育教学工作科学化的有效途径。

（二）有利于体育教学理论与体育教学实践的结合

为了使体育教学活动有序地进行，提高体育教学效果，广大体育教育工作者一直致力于探讨体育教学的机制，对体育教学过程、影响体育教学的因素及其相互关系进行研究，并形成了一套独立的知识体系——体育教学理论。但长期以来，体育教学研究偏重于理论上的描述和完善，脱离体育教学实际，使体育教学理论成为纸上谈兵，对改进体育教学工作帮助不大。这固然同理论研究不够深入有关，而更多的原因是忽视应用研究，实践上无法操作造成的。而广大工作在体育教学一线的体育教师，感到体育教学理论离他们的实际工作太远而把它们置于脑后，在体育教学实践中茫然地摸索。在这种情况下，被称之为"桥梁学科"的体育教学设计学起到沟通体育教学理论与体育教学实践的作用：一方面，通过体育教学设计，可以把已有的体育教学理论和研究成果运用于实际的体育教学中，指导体育教学工作的进行；另一方面，可以把在一线工作的广大体育教师的教学经验升华为教学科学，充实和完善体育教学理论，这样就把体育教学理论与体育教学实践紧密地结合起来了。

（三）有利于科学思维习惯和能力的培养

体育教学设计是系统地解决体育教学问题的过程，它提出的一整套确定、分析、解决教学问题的理论和方法也可用于其他领域和其他性质的问题情境中，具有一定的迁移性。例如，在学习任务分析中，需要将总的教学目标分解为一系列子目标（单元教学目标和更具体的使能目标），建立一个教学目标群，然后根据每一个子目标制定教学策略，并确定实现总目标的教学步骤。这与很多实际问题的解决思路（如现代管理学中的目标管理的思路）是相同的。另外，像教学设计的前期分析、试行评价等理论与方法，在现实的生活、工作实践中也经常运用。因此，通过体育教学设计原理与方法的学习、运用，可以培养科学思维的习惯，提高人们科学地分析问题、解决问题的能力。它不仅仅服务于体育课堂教学实践，还能运用在课程设置和教学计划的制订、专业培养方案的设计、学科的建设。

（四）有利于加速对青年教师的培养

体育教学既是一门科学也是一门艺术。虽然体育教学的艺术很难通过教学来传授，但科学的教学理论和方法是可以习得的。我国普通高校体育教育专业对师资培养的传统做法是注重于专业知识的教学，却忽视了体育专业基础知识的具体运用、体育基本教学技能和能力的培养，年轻教师大多通过模仿和自身的经验积累来计划和组织体育教学，前辈们用十年时间摸索出来的经验，年轻教师也得花上十年时间才能积累到前辈们相同的水平，这严重地减慢了青年教师教学水平的提高速度，影响了体育教学效果。体育教学设计为师资队伍的培养提供了一条有效的途径，教师通过学习可以迅速掌握体育教学的基本原理与方法，并在实际运用中不断熟练和提高，最终成为一名体育教学专家。

（五）有利于体育媒体教材的开发和质量的提高

近年来，随着财政投入的不断加大、通信技术的飞速发展，体育现代教育技术与设施也在不断开拓、建设和发展，各级各类学校的电教器材设备也较为完善。目前所面临的重要任务之一是建设相应的体育教学节目和体育媒体教材，如体育教学电视节目、体育计算机课件等，体育媒体教材融体育教学内容和体育教学方法为一体，只有通过精心设计，才能保证质量。通过学习和掌握体育教学设计的理论与方法，可以帮助教师有效地使用现代化教学媒体，编制相应的媒体教材，在提高体育教学质量、普及各级体育教育和职业培训等各方面发挥积极作用。

四、体育教学设计的内容和分类

（一）体育教学设计的内容

美国学者马杰（R. F. Maget）曾比喻过教学设计的三个基本课题：我要去哪里？我如何去那里？我怎么来判断自己已经到达了那里？这就是教学设计中经典的目标、策略和评价三项基本内容。

围绕这三项基本内容，在体育教学设计时，还有一些前提性和展开性的课题。如为了明确体育教学目标，我们先要分析体育学习的需要、体育教学内容和教学对象；在制定体育教学策略的时候，我们要对体育教学媒体的选择和编制赋予必要的重视和特殊的处置；而教学评价总体上属于体育教学设计的后期工作，但它实际上贯穿在整个设计的全过程。而且，整个体育教学设计的过程又都离不开对体育教学系统的了解，离不开传播理论、体育基础理论和体育教学理论等的指导离不开系统方法的运用。

概括地讲，体育教学设计的内容大致可以分为四个部分：

第一部分是基本概念和基础理论。它要回答什么是体育教学设计；体育教学设计与邻近概念（如体育教学理论、体育教学法、体育课教案等）的联系和区别；体育教学设计有哪些特点和作用；体育教学设计涉及哪些课题内容和方法论。它要探讨体育教学系统的构成和特性：系统方法在体育教学中的应用；体育教学设计的形成过程、应用范围和层次。它要阐述体育教学设计的理论基础：总结对体育教学设计工作有较大影响的理论流派。

第二部分是体育教学设计过程。它要说明体育教学设计前期阶段的学习需要分析、体育教学内容分析和体育教学对象分析的重要性；探讨怎样来做好这些前期分析工作。它要引用或借鉴教育目标的分类学说，依据"体育（与健康）"课程标准或《体育教学指导纲要》等法规文件，探讨体育教学目标的具体编写方法。它要验明体育教学策略的构成要素。探讨各种不同类型体育课的具体教学策略，编制体育教学方案。

第三部分是体育媒体开发。它要阐释体育教学媒体的特性；说明选用体育教学媒体的依据、程序和原理。它要探讨如何运用体育教学设计原理和方法来编制体育教学电视节目、体育网络课程、体育类计算机教学辅助软件（CAI）和学习辅助软件（CAL）等媒体教材和课件。

第四部分是体育教学评价。它要说明体育教学评价的功能和原则及其对体育教学设计的意义。它要制定体育教学设计成果（体育教学方案和体育媒体教材）的评价指标。它要研讨体育教学设计成果的形成性评价程序和方法，以及评价工具的编制和使用。

上述内容所反映的体育教学设计原理和方法对解决体育教学问题有普遍指导意义，但它们不是一成不变的。况且没有哪一种固定的体育教学设计模式能用以有效地解决所有体育教学问题。广大教师应该在体育教学设计实践中做到因地制宜、因人制宜，不断总结和创造新的经验，并将它们提高到理论的高度。同时，体育教学设计是应用学科，它赖以解决问题的基本前提是应用相关体育学科的理论和方法，而其本源又是体育教学实践中积累的丰富经验。因此，广大教师还要关心体育学科中运动人体科学、体育教育学、体育心理学、体育教学理论以及传播学、设计学、管理学、媒体学等领域的理论发展，及时将其中最新研究成果应用到体育教学设计的实际工作中去。经过实践检验后，再把这些理论丰富和补充到体育教学设计的内容中去，将它们转化为实际工作的指南和原则，使体育教学设计知识体系不断得到充实和完善。

（二）体育教学设计的分类

体育教学设计是一项多因素、多层次的系统工程，它是系统地解决体育教学问题的过程，它提出的一整套确定、分析、解决体育教学问题的理论和方法也可用于学校体育的其他领域（如业余运动训练或课外体育活动）和其他性质的问题解决过程中（如设计一长期的、年度的、学期的、一周的、一次训练课的训练计划或设计运动处方等）。

体育教学设计通常有两种类型：

1. 体育课程设计

体育课程设计包括：①制定体育课程标准；②制定体育教学大纲；③编选体育教材；④编制体育多媒体课件。

2. 体育课堂教学设计

体育课堂教学设计包括：①学期教学计划设计；②单元教学计划设计；③课时教学计划设计。

第四节　体育教学事项设计

一、体育教学设计方法论

作为连接体育教学理论和体育教学实践的中介，体育教学设计具有方法论的性质。方法论问题对体育教学设计的发展和推广应用具有十分重要的意义。科学方法按其抽象的程度可分为三个层次。最高层次为哲学方法，它是以哲学的原理、范畴和规律为基础的研究方法。中间层次为一般方法，它是人类创造活动中带有普遍意义的方法。最低层次为专门方法，它是各个学科所采用的具体方法。体育教学设计同样有三个层次的方法。

（一）体育教学设计的哲学方法

哲学方法是从对自然、社会、思维的研究中概括出来的，同时又广泛地应用于自然、社会和思维领域的研究方法。它虽然不解决体育教学设计的具体问题，但为体育教学设计提供了理论基础和思想指导。

体育教学设计是针对体育学习需要，从体育教学过程的整体性出发，制定体育教学方案的系统决策过程。它涉及对体育的价值观念、体育教学的本质论等一系列认识问题。对于事物的认识科学与否直接影响决策的正确性。研究体育教学设计的认识论问题属于哲学的范畴。

我们应从辩证唯物主义和历史唯物主义的高度，来探讨体育教学与自然、体育教学与社会、体育教学与思想的关系，为科学的体育教学设计奠定理论和思想基础。马克思主义的教学观提倡教学促进人的全面发展；主张学用结合，理论联系实际；要求人们自觉运用唯物辩证法的武器，在改造客观世界的同时，改造自己的主观世界。运用马克思主义的观点从认识论上解决体育教学理论与体育教学实践的关系，正确处理体育教学与发展、理论与实践、借鉴与创新等问题，这是做好体育教学设计研究和实践的根本保证。

在体育教学设计中运用辩证唯物主义的认识论，主要解决下面三个问题：

1. 不断更新体育教学观念

体育教学观念不同，体育教学设计的指导思想不同，体育教学设计的重点和结果也不同。体育教学设计作为系统决策过程，它的每一步都受一定的体育教学观念所支配。例如，应试教育与素质教育、集体授课与个别化学习、以"教"为中心与以"学"为中心等。为了做好体育教学设计，教师必须树立现代体育教学观念，改变过去那些片面强调的"自然体育教学观""体质教学观""竞技体育教学观""能力培养教学观""快乐体育教学观"，摒弃那些体育课堂教学"满堂灌"、从中等学生水平出发集体授课、以教师为中心的教学观念，代之以让学生学会生存、学会学习，重视发展学生个性，以"健康第一"为指导思想，促进学生的素质全面发展，通过体育教学完成学生的教养、教育、发展三大任务。

2. 正确处理借鉴与创新的关系

20 世纪 80 年代初，教学设计作为教育技术的重要内容介绍到我国，引起了我国教育界的普遍关注，而体育教学设计作为现代体育教育技术的重要内容提出，笔者始作尝试，其自身要完善和发展的路途还相当遥远。我们在学习外国的经验、其他学科的研究成果时应该和本国的、体育学科的实践相结合。充分吸纳西方的教学设计理论和方法、教育学理论、心理学理论、传播理论、系统科学方法等在体育教学设计中的应用，但必须认真地加以消化和吸收，取其精华，去其糟粕；深入地挖掘我国传统的体育教育中许多行之有效的教学思想、理论和方法，结合体育专业基础理论，形成具有本专业特色的体育教学设计的知识体系。只有这样，才能在借鉴的基础上，创立适合我国国情的、凸显体育学科特色的体育教学设计的理论和方法体系。

3. 重视体育教学实践研究

任何理论的发展都离不开实践，只有通过扎扎实实的实践研究，获得第一手资料，才能够深化对体育教学设计理论和方法体系的认识。从体育教学设计的特点和意义来看，其本身就是一门联系体育教学理论与体育教学实践的"桥梁学科"，它注重理论联系实际，将一些体育领域中的基础理论研究的成果运用于体育教学实践。按照科学认识论的要求，应积极开展体育教学设计及其教学应用的实践活动，从中取得科学的认识或理论，再把它们运用于指导体育教学设计的实践中去，从"实践—理论—实践"的往复中，完善体育教学设计方案，发展对体育教学设计理论和方法体系的认识。

（二）体育教学设计的系统原则

系统方法是运用系统科学的观点，研究和处理复杂的系统问题而形成的方法，即按照事物本身的系统性，把对象放在系统形式中加以考察的方法。体育教学设计中的系统方法，是在系统科学和体育教学实践的基础上产生的，是指导体育教学实践和体育教学设计活动的一般方法。

系统科学方法为体育教学设计提供了具体的分析和决策的操作过程和操作方法。它大体上分为三个阶段，即系统分析、系统决策和系统评价。在系统分析阶段，通过系统分析技术，确定问题的需求和系统的功能、目标；在系统决策阶段，通过方案优选技术，考虑环境等约束条件，优选解决问题的策略；在系统评价阶段，通过评价调试技术，实行方案，鉴定方案的有效性，进而完善已有方案。

运用系统方法进行体育教学设计，应遵循下面三个原则：

1. 整体性原则

整体性原则要求把体育教学设计作为一个整体加以考虑，不能只着眼于各个要素的分析和设计，或各个要素形式上的结合，应从整体与要素、要素与要素的相互联系、相互作用中，以及从系统与外部环境的制约关系中，去揭示体育教学设计的特征与规律。例如，处理好学习需要与学生特征、体育教学内容与体育教学策略、体育教学目标与体育教学评价、体育教学环境与体育教学媒体等要素和要素的相关性、制约性，使系统的整体功能大于系统中各要素的功能之和。

2. 动态性原则

体育教学设计的对象是体育教学系统，这是一个有序的动态系统。体育教学系统的有序性表现为体育教学过程各要素之间相互联系、相互制约的关系是有序的；体育教学系统的动态性表现为体育教学过程处于不断的运动和发展之中。体育教学系统设计应充分考虑体育教学系统的有序性、动态性的特点，在体育教学设计和体育教学过程中引入评价和反馈机制，对过程实施有效的调控，是有效完成体育教学任务的重要保证。

3. 最优化原则

最优化是指系统功能的最优化，它是体育教学系统设计的基本目标。为此，在进行体育教学设计时，应从整体最优化的目标出发，使体育教学过程的每一个要素、每一局部过程和每一环节都置于系统的整体设计之中，以协同实现体育教学设计整体功能的最优化，而且要特别注意要素之间结构和功能的相互匹配。这样才能设计出最优的体育教学方案，使体育教学达到预期效果。

（三）体育教学设计的模式化方法

在运用体育教学理论和实践经验，通过分析和综合，创造最优化的体育教学系统的过程中，可以形成一个体育教学设计模式。由此产生的模式化方法作为与一定的设计任务相联系的体育教学设计程序和方法体系，是体育教学设计的专门方法。借助体育教学设计模式这种简化而具体的表现方式可以了解体育教学设计的结构和过程，了解体育教学系统内各要素之间的相互关系，便于人们有效地进行体育教学系统的设计。

模式化方法中的模式分析和模式综合是逻辑思维的基本方法。事实上，模式分析是以客观事物的整体与部分的关系为基础，便于认识事物而把相互联系的因素暂时割裂开来，个别加以研究，弄清各部分的特殊规定，加深对事物本质的认识。模式综合是在对个别因素进行分析的基础上，综合各个因素相互关联、相互作用、相互转化的关系，以帮助人们从整体的系统结构中把握体育教学设计的本质和规律。可见，模式分析的重点是考虑各个部分的特征，模式综合的重点是考虑各个部分相互间的关系。这是统一认识过程中的两个阶段。

体育教学系统设计的模式化方法从总体上规定了体育教学设计的过程和步骤。由于体育教学设计是个复杂的系统决策过程，体现了知识的综合性、方法的实用性、结果的不确定性，因此要求教师必须有较强的分析技能、创新意识和决策水平，以便把对体育教学的设想转化为实际的体育教学成果。

总之，体育教学设计的基本任务是设计和开发经过验证的，能实现预期教学功能的体育教学系统方案。体育教师就是综合运用哲学的、系统科学的和模式化的方法开展体育教学设计工作。首先从调查研究入手，明确体育教学系统设计所要解决的问题，然后从理论和实践的结合上设计出解决体育教学问题的方案，最后经过对方案进行验证和完善，优选出最佳的体育教学方案。

二、体育教学设计过程模式

前面我们讨论了体育教学设计三个层次的方法论的问题，在科学方法的指导下，如何进行具体操作，怎样进行体育教学设计。为了解决这个问题，根据系统论的观点，我们先来认识一些一般教学设计的过程模式，然后讨论体育教学设计过程的基本要素，最后具体阐述体育教学设计的过程。

（一）一般教学设计过程模式

采用文字或图解的模式对教学设计过程进行描述是教学设计研究中体现系统论思想的一个特色。当代关心教学实践的心理学家、教育学家、教育技术学家都常用这样的模式来简化自己对教学设计过程的看法。

格拉泽（R. Glaser）认为，教学设计的意义在于改变现存的进行状况，根据决策理论、管理科学等找出最有效的法则，以决定课程单元的教学活动。他设想的教学设计步骤为：①分析预期的能力目标；②诊断学习前的状态；③安排促进学习的程序和条件；④评价学习的结果。

加涅（R. M. Gagne）认为，为了达到比较理想的学习结果，必须讲求教学环境的计划，而有计划的教学必须采取科学的设计原理。

他设想的教学设计步骤为：

①以行为的方式叙述所界定的表现目标；

②以学习阶层和任务分析为依据构建教学的进程；

③筹划教学的事项，拟定教学活动，为特定学习结果准备学习的条件。

（二）体育教学设计过程的基本要素

通过对一般教学设计过程模式的分析，结合体育教学的特点以及作者十多年体育教学设计应用实践，我们认为体育教学设计包含以下四个要素：

1. 体育教学目标

要进行体育教学活动和过程的设计，必须首先明确为什么要教这些内容，通过体育教学要达到什么目标。这样进行体育教学设计，才有明确的方向和要求。

2. 体育教学对象与任务分析

由于体育教学设计的一切活动都是为了学生学好体育，因此，要使体育教学设计取得好的效果，必须重视对学生情况的分析，并分析从学生的原有水平到达教学目标之间所需要的从属的知识和技能，确定它们之间的层次关系。

3. 体育教学策略

这是解决如何进行体育教学的问题，是体育教学设计的重点。它包括体育教学模式、体育教学方法、体育教学形式、体育教学活动和教学媒体等的选择和设计。

4. 体育教学设计方案评价

为了知道设计的体育教学方案是否能取得理想的教学效果，必须对体育教学设计方案进行评价，并在此基础上对方案进行修改。

（三）体育教学设计过程

体育教学设计过程可以形成各种模式，根据体育教学理论的要求，以及体育教学的实践需要，在分析体育教学设计过程基本要素的基础上，我们通常采用以下的设计过程模式：

1. 体育教学设计前期分析

在设计体育教学之前，我们必须思考三个问题：为什么教、教什么和怎么教。为了解决这三个问题，体育教学设计前期分析需要考虑如下三个方面：

（1）体育学习需要分析

学习需要分析是解决"为什么教"的问题，它近似于我们习惯上所谓的教学目的，或教学活动预期达到的结果，但实际上在使用时它要比后者宽泛。而且，教学目的常常是相对教师的"教"而言的，学习需要则主要是相对学生的"学"而言的。

（2）体育教学内容的分析

体育教学内容的分析是解决"教什么"的问题。体育教师在进行体育教学设计时，要了解教师教什么，学生学什么，也就是先要知道教学内容，并对它进行详细的分析。体育教学内容是指为了实现体育教学目标，要求学生学习的体育知识和技能的总和。分析体育教学内容是对学生起始能力变化为终点能力所需要的从属知识和技能及其上下、左右关系进行详细剖析的过程。

运用系统论的观点对体育教学内容进行分析，主要包括以下几个方面：

①背景分析。主要分析这一部分体育知识发生、发展的过程，它与其他体育知识之间的联系以及它在社会生活与锻炼实践中的应用。

②功能分析。主要分析这一部分体育内容在整个体育教学内容中的地位、作用以及它的功能和价值，包括智力价值、教育价值和健身价值等。

③结构分析。主要分析体育知识、概念、原理、技术、战术等的系统、层次，它们之间的关系，以及这种关系的性质、特点，从而确定这些体育知识、概念、原理、技术、战术的掌握程度和练习要求。

（3）学生特征分析

学生特征的分析是解决"怎么教"的问题。为了使体育教学设计能符合学生的实际情况，取得更好的教学效果，必须对学生的情况进行客观的分析。学生情况分析包括以下两个方面：

①学习准备情况分析。学生的学习准备情况分成如下两类：

第一，学生的起点能力。学生的起点能力是学生对从事特定的内容和任务的学习已经具备的知识与技能的基础，以及对有关学习内容的认识水平与态度。

第二，学生学习体育的心理特征分析。学生学习体育的心理特征分析是指对学生学习有关体育内容产生影响的年龄、性别、认知成熟度、学习动机、情感、意志和气质等因素进行分析。这些因素影响教师对教学内容、教学模式、教学方法和教学媒体的选择和运用。

②学习风格分析。学习风格是指学生学习时感知不同刺激，并对不同刺激做出反应这两个方面产生影响的所有心理特征。学生学习有不同的风格，学习风格的差异对学生的学习和教师的教学都会产生一定的影响，通过对学生学习风格的分析，使我们能更好地针对学生的实际情况进行教学。

学生情况分析为教学内容的选择和组织、教学目标的编制、教学活动的设计、教学方法与教学媒体的使用提供可靠的依据。

2. 编制体育教学目标

通过体育教学内容分析，知道要教给学生哪些体育知识和技能。在此基础上，要求对学生通过体育学习和锻炼应达到的行为状态做出具体的、明确的说明，这就是编制体育教学目标。

我们把体育教学目标分为：运动参与、运动技能、身体健康、心理健康、社会适应五大领域，这五大领域的具体目标又可归为认知、情感和动作技能三类。

体育教学目标编制的步骤如下：

①学习前文为"体育（与健康）"课程标准（或普通高校体育与健康课程指导纲要）、体育教学大纲。

②明确单元教学目标。

③了解本课时教学的具体内容和要求。

④了解学生的基础和学习特点。

⑤按照内容和水平分类确定教学目标并加以陈述。

3. 学习任务分析

体育教学目标只是规定了一定体育教学活动完成之后，学生应习得的终点能力及其类型，而没有具体说明这些能力或行为倾向形成或获得的过程与条件。要使体育教学目标真正起到指导体育教学的作用，接下来还要对体育教学内容进行学习任务分析。主要包括：

（1）学习结果类型分析

根据加涅的学习结果分类理论，结合体育学习的实际情况，体育学习结果有以下几种类型：体育事实、术语、概念、原理等言语信息、体育动作技能、体育动作操作程序等智慧技能、体育认知策略和态度。将体育教学内容按这几种类型进行分类，分别加以分析。

（2）学习形式类型分析

根据奥苏伯尔同化理论，体育概念和原理的学习可以分为上位学习、下位学习和并列学习。将教学内容中体育概念和原理按这三种类型进行分类，加以分析。

（3）学习任务分析

在学习新的知识技能之前，学生原有的知识技能的准备水平称为起点能力。通过一定的教学活动，学生获得的知识技能称为终点能力。介于起点能力到终点能力之间的这些知识技能称为先决技能。学习任务的分析就是对学生的起点能力转化为终点能力所需要的先决技能及其上下左右的关系进行详细剖析的过程。通过学习任务的分析，为教学顺序的安排和教学条件的创设提供心理学的依据。学习任务分析的方法有归类分析法、层次分析法和信息加工分析法等。

4. 设计体育教学方案

这是体育教学设计的中心环节。包括确定课的类型、设计教学顺序、选择教学模式、教学活动设计、教学环境设计和教学媒体设计等。

（1）定课的类型

由于体育课有各种不同的类型，有理论课、实践课、新授课、练习课、综合课、复习课和测验课等。不同类型的课有不同的功能，要采取不同的教学方法，有不同的教学过程。因此在设计体育教学过程时，首先必须确定体育课的类型。

（2）设计教学顺序

教学顺序是教学过程的前后次序，也就是先做什么，后做什么，它包括以下三个方面：

①体育教学内容呈现顺序指的是体育知识和技能出现的前后次序，先教什么内容，后教什么内容。

②教师活动顺序指的是教师进行教学活动的前后次序，教师先进行什么教学活动，后进行什么教学活动。

③学生活动顺序指的是学生进行学习活动的前后次序，学生先进行什么学习活动，后进行什么学习活动。

这三个方面是同步进行的，必须进行整体设计。

5. 选择教学模式

课的类型确定以后，在设计教学顺序的同时，进一步根据不同的教学内容和目标选择不同的教学模式，再具体设计整个体育教学过程的各个环节。

6. 设计教学活动

在教学顺序设计的基础上，还要对每一项教学活动进行设计。包括导入设计、情境设计、提问设计、练习设计、讲解设计、演示设计、强化反馈设计和结束设计等。

7. 选择和设计教学媒体

为了进一步激发学生的学习兴趣，提高体育教学的效率，在体育教学设计过程中，必须注意教学媒体的选择和设计。根据学习任务的要求、教学媒体的功能和教学条件等因素，选用适当的教学媒体。

8. 设计体育课堂教学环境

为了使体育教学取得良好的效果，还必须合理地设计课堂教学环境（包括硬环境和软环境），选择适当的教学形式，营造和谐的课堂心理气氛。体育课堂教学形式有全班学习、分组学习和个人学习等。要根据不同的教学目标、学生特点选择不同的教学形式。

第三章 体育教学方法的运用

任何一门学科都有自己特定的研究对象和所要探索的领域。教育学的研究表明，学习材料与学生原有的知识没有实质性的自然逻辑关系。教学方法选用的价值规范受人为联系的制约。换言之，教师有什么教育价值观就会采用什么样的教学方法。教师驻足于传统教育价值观就会采用"以教为主"的教学方法，相反，具有现代教育理念的教师就会采用"以学为主"的教学方法。本章立足于从方法论的角度对当前教与学方法的选择与应用进行一番历史审视与分析，为的是让人们清楚地了解教法和学法的历史特性及教学方法运用中存在的问题，以便科学合理地去实施与运用。

第一节 体育教学方法的思考

当今时代的发展，把教推向了学，指出没有教法的转变就没有学生的转变，没有学法的发展就没有学生的发展。新课程实践证明，教法与学法的有效性制约着体育新课程功能的实现。基于此，本节梳理与揭示体育教与学方法产生的机理，摸清其发生的机制，寻绎经验避免无效，以期促进体育教与学效果的提升。恰如学者王道俊所言，教学方法是为完成教学任务而采用的办法，是教学活动有效运行的关键要素。它包括教师教的方法和学生学的方法，是教师引导学生掌握知识技能，获得身心发展而共同活动的方法。学者王策三在《教学论稿》一书中指出，教学方法由教法和学法两方面组成，是教师和学生课堂间交流与互动联结的载体，是教学系统中最具能动性的部分，不仅直接影响着学生学习行为的有效性，还关系着教学效率的高低与学习效果的好坏。

一、教学方法的历史变革

从哲学上看，体育教学方法的运用是教师对知识价值关系的认识或反映，烙印着教师自我的教育价值观及对教学的"前理解"，标示着教师在完成知识传授任务时，对教与学的选择、安排等的具体表现。从教育的历程看，教学方法的运用呈现出明显的阶段性特征，释出不同时代背景对知识需求的期待不同，对教学方法选用的要求也不同，与其教育主张产生的特定时代背景相互联系。例如，在我国古代，基于当时社会生产力低下，知识创新的基础较差，教育的基本教学方式是言传与身教，年轻一代在与年长者的共同生活中通过模仿和记忆学习相关知识。受时代的制约，其教育取向以传授知识为主，通过传授知识来培养学生的德行。因而，传道、授业、解惑就成为教师的天职。为此，教学方法的选用多以讲授法为主要形式，致使课堂教学能否取得满意的效果不是看教学方法的正确使用与否，而是看教师的学识水平如何。教师讲好了，学生就学好了。这种教学方法最大的优点是"节省时间和精力"，可以在最短的时间内最大限度地向学生传授知识。正如夸美纽斯在《大教学论》中指出：这种教育将不是吃力的，而是非常轻松的，一个先生可以同时教几百个学生。

但当人类社会由低级文明不断前进，迈向了 21 世纪的知识经济时代时，时代要求教育要把知识创新作为衡量的尺度，由寻求普遍性的教育规律走向寻求个人情境化的教育意义。即教育要把人个体本质中的个性内在能动凸显出来、发展出来，为个人知识的意义理解与建构提供支持，满足新知识时代对人发展的需求。对此美国未来学家阿尔文·托夫勒指出：未来的文盲不再是不识字的人，而是没有学会学习的人。显然再用传统"接受式"的教学方法难以满足社会发展对人才培养的要求。因为，21 世纪社会生产力的发展，要求教育不仅要完成传授知识的任务，还要实现让学生创造新知识的任务。为此，转变教育观念，改革教学方法，探索合作学习、探究性学习、自主学习等，就成为当务之急。正如学者刘丽群认为，教师不是简单的传声筒，他们如何选择教学方法……是教师整体认识与能力的直接反映。教师要教好学生，提高教学效率，就必须按时代教育的目的选择怎样教和如何教。即教师要会教和善教，就必须懂得教法和学法与时代发展的适配联系，只有这样才能科学掌握好教学。新教育理念在当今教学实践的认识论证明，教法和学法的优合是推进体育新课程改革的一个重要组成部分。只有这样，新课程才会由目标走向现实。

二、当前体育教学方法存在的问题

教育历史的发展证明，每种教学方法的形成都离不开它所置身的客观环境。我国传统体育教学观是根据教的内容来预先设定教学方法，教师只考虑教的任务完成，较少考虑学生学会的方法使用与发生、效率和限制在哪里，这一定型化极大地限制了教师教学方法的选择与运用。

那么，怎样才能有效地发挥教法和学法这一复合体的整体功能呢？近几年来，教育研究者们通过对新课程实施的调研总结发现，要使体育新课程推进实施，必须把教推向学。如果不注意加强对学生学法应用的指导，就不可能使新课程终身体育教学得以有效实现。对学习概念及其本质与规律的理解和把握，是发挥和沟通好教法和学法的理论与实践的桥梁。通过反思教育研究者们认为，在探讨教法和学法的关系时，将重点放在对"为学习发现更多的联合因素""教学为学习而设计""为理解时刻而教学""学习要有自由度（选择性）"的学法指导研究上，实现教法和学法联姻才是可为的。正如我国教育家陶行知先生在1919年《教学合一》一书中所说：先生的责任不在于教，而在教学生的学。教的法子必须根据学的法子，怎么学就怎么教。教学做合一是教的法子根据学的法子，学的法子根据做的法子。联合国教科文组织21世纪教育委员会在《教育——财富蕴藏其中》报告中也提出：教育应该较少地致力于传递和储存知识，而应该更努力地寻求获得知识的方法。这些论断深刻地揭示出教育需要以教会学生学习为重要目标。传统教育与现代教育两者之间的区别在于传统"教学"要求学生接受知识、积累知识，注重学生智力的提高，现代"教学"不仅要求学生掌握知识与运用知识，更着眼于学生知识方法能力的形成。即21世纪的教育不仅是实现学习理论、运用理论，更重要的是贡献理论。上述思想在我国古代教育家墨子的文章中曾有记载，如在教法上要"量力施教"，在学法上要"察类明故"，才能使不同的学生在不同的基础上做到"深者深求，浅者浅求，教者诚其心，学者尽其材"。

三、学校体育教学方法改革的趋势

从教育取向的维度分析可以发现，从20世纪80年代以来，我国学校体育教学的趋势在指导思想、功能运用和结构特征三个方面发生着根本性的转变。

1. 在教学指导思想上由教会知识转向教会学习

1972年雅克·德洛尔主席向联合国教科文组织提交了《教育——财富蕴藏其中》的报告，明确提出21世纪的教学应围绕"学会认知、学会做事、学会生活、学会发展"四种学习方式进行安排，并指出，这种学习不是获得经过分类的系统化知识，更多的是为了掌握认知的手段。在这一背景下，"学会学习"就成为新世纪课程教学的宗旨、核心理念与教学指导思想的追求。

2. 教学结构特征由以教为主转向以学为主

"以学生学会学习为中心"的新教学特点，已成为当代体育教学理念的凝结与赖于支撑教学的笃行。这要求教学的意义建构由以教为主转向以学为主。在教学内容上，要给学生提供多样化的运动选择，尊重学生对不同体育内容学习的需求。在教学组织上，要建立适应学生个别差异的条件与学习情境，让学生根据自己的运动能力与技能水平、兴趣风格，选择学习的相应层次与学习领域。在学习考核与评价上，要体现出学会学习的意义建构。既要重视成绩考核的结果，也要关注学习进步的发生；既要重视技能学习的评判，也要关注学生体育学习的领会。恰如梁漱溟所说：以文化育人的方式聚集起有价值的东西，有助于正德，有助于知识的享受，有助于精神的提升。

3. 在教学方法运用上由统一教学转向多元教学

基于此，在教学方法的设计与选用上，要把体育学习纳入促进人的发展的视野，正确看待不同学生体育学习的不同方式。给予学生更多的学习机会，发现更多学习的联合因素，扬长避短、因材施教，使学生主体性得到充分发挥。推崇采用集体教学与差异教学相结合，实施学习程度分层、学习内容分层、学习方式分层、学习作业分层、学习评价分层等多元化构建，防止有的学生"吃不饱"、有的学生"吃不了"。让尖子生释放运动能力，放飞体育天赋；让中等生完成提高赶优，发展兴趣爱好，养成运动习惯；对运动差生解惑补救，激发其学习热情，使其不因为运动能力不足放弃体育学习，达成学生全部实现终身体育的运动目标。恰如巴班斯基的主张：教学即必须把教的最优化与学的最优化融合在一起。

第二节　体育教授方法的选择

体育教学方法是引导体育教学活动展开的方法，是衡量体育教师教学技能水平的依据，是体育教学方式的运用和教学原则贯彻的落脚点，是标识对某种体育类型的教学与范围适用的方法。对其研究，可打通体育教学方法选择和运用的学理，借以提高体育教学方法的基础理论水平，为科学和有效地选择运用体育教学方法提供参考。

一、体育教授方法的选择依据和地位

1. 体育教授方法的选择依据

由于教学方法的选用，受教学任务、教材特点、学生学情、教学条件等具体情况的

制约，任何一种教学方法的选择与运用必须结合一定的客观条件进行方可产生教学效果。归纳起来，影响教学与学习的发生有两个内在机制：一是从体育教学的方法结构来看，一般可分为传授体育知识与技能的方法、发展体能的方法、思想品德教育与发展个性的方法等；二是从体育运动技能学习的心理机制来看，存有注意、感知、表象、思维、练习等心境现象的揭示和机理运行的交合互动关系，预设着对教学本质的认识、规律的确定、方法选择的价值判断。换言之，体育教学方法的运行是通过对学生心理的应激、唤醒、认知等相关体现，确定认知定向阶段、动作联结阶段、协调完善阶段的学习方法使用指向的范围和目的。为此，体育教学方法的结构是划分确定每一种教学范围运用的形式与方法。而体育教学方法的分类，是判断方法属性在不同教学阶段信息加工的定位与取向的依据，是为达成一定教学结果的目的，对各个教学部分具体设计指向的中心。两者的存在是体育教学方法选择与运用的根据和动因，是寻绎不同体育教学方法产生、存在、发展和创立的根源，是定向、推动、维持、引发体育教学方法的动力系统。它们源于体育教学实践，又推动着体育教学实践的发展。认清这些本质，才能把握结构与分类的相互关系。有利于我们正确把握体育教学方法的本质与规律，才有可能选择出最优化的教学方法。

2. 体育教授方法的地位

我国学校体育的教学方法，在理论体系实践应用中的地位如下：

①它是为达成教学目标，使学生完成学习任务而选择运用教法的策略标识。

②它是遵循教学活动的特点和规律，以一定的教育理念和教学策略为依据组织安排教学活动的一种具体结构和形式。

③它既是一种实施课堂教学内容与组织形式的策略结构，又是一种按目的要素对教学有机构造和有机安排的活动过程。

④教学方法的结构和分类的功能体现吕策划教学情境、推射知识获取方式、选择教学方法，将教学内容转换为具体的运行活动。

⑤从时空的发展来看新旧体育教学观的教学方法结构与分类，可以发现，新的教学方法从知识的结构性入手，注重教学环节的具体应用与认知的目的指向性，着力体现了"教学做合一"的知行统一观。既反映教师如何教，也体现了学生如何学。教学，是教师与学生相互结合双边共同完成的活动。过去我们只发挥了教师的主导作用和教师的教学智慧，没有发挥学生学习的主动性和学习智慧的力量，导致教学实践中"管教不管学"，因此它是不完善的。

二、体育教授方法的选择与运用

教学实践证明，教学方法的选择与运用受人们思想认识的影响与制约。教师选择与运用什么样的教学方法，反映了教师对教育教学观念的不同取舍。例如，教师是以教为标准选择教学方法还是以学为标准选择教学方法，前者反映出教师仍然是传统"教"的本位思想，后者体现教师是现代教育理念"学"的本位思想。教学应以向学生传授知识、技能为主还是以发展学生的能力为主，这是教师对教学方法意义的不同认识的反映。两者之间的选择，是区分教师是传统教学观还是现代教学观的分水岭。不同的观点不但影响着对教学设计目标的选择，还影响着对教学内容和教学方法的选择。

1. 教师思想行为制约体育教授方法的选择与运用

由上述而知，体育教学方法是指教师对学生施加影响，引导学生有效地掌握教师所教内容，并形成和发展学生学习认知能力的方法。正如学者郑警认为，行为是有机体在与环境的相互作用中产生的一系列反应和活动。教学实践证明，在体育教学方法的应用中，教师的教学行为是这个方法得以运转的动力，也是对学法施加影响的主体。

对此，苏联教育家休金娜指出：教学方法的教育学价值的认识过程是隐蔽的，其表现是由教师的思想行为决定的。教师的教学思想影响和制约着教法设计的动机和选择应用的预设。教师没有正确教学思想行为的判断标准，教法的选择与运用就成为教学"工序"的机械组合，难以达成新时代对教学的要求。诚如教育家陶行知所说：要想让学生自动，必先由教学生学的先生先动。陶先生的这句话，道出"学起于思，习源于行"，行为是思想意识的表现，教师的教学思想是影响教学方法选择与运用的最直接因素。

有学者提出，教师良好的职业特征或思想，是构筑教学方法科学实施的基础。一般由两个方面组成：一是教师的职业思想品质，指教师的职业道德、责任感、价值取向及对学生的情感态度等，它对教法系统的运转起着指向的作用；二是教师的业务水平，指教师的专业知识水平和教育教学能力等，它决定着教师对教学方法选择与策略调配的优化水平。前者主要是指教师的教育价值取向、知识结构状况等，而后者主要是指教育理论水平标识下的"运用教材的能力、组织管理教学的能力、语言表达的能力、对学生状况的认识和因材施教的能力、对教学后果预测的能力、教学机制的水平"等。

因而，学生取得学习效果存有多方面的原因，教师要想建构一个有利于学习的教法，就必须分清课堂教法与学法的表层结构和学习过程的深层结构。研究表明，教师教学的思想行为可转化为十种具体的行为类别，即陈述、指导、展示、提问、反馈、管理、观察、倾听、反思以及评价。在课堂教学实践中，教师若能有意识地对这十条优质标准的所属领域进行领悟与拓展，便可构建出一张稳定的"教学质量网"。

学者王策三在《教学论》中指出，优化教法就是使特定教学内容的学习得以符合学习行为的规律。美国教育家杜威在《教育论著》中也指出：消极地对待儿童，机械地使儿童集合在一起，课程和教法划一，不利于儿童发展。国内外学者指出此观念不立，教法便难以奠定在科学的基石上，教法改革就难以自觉地纳入现代教育科学的大潮之中，难以走入新课程，而只能囿于个人直接经验中。

综上所述，教法的背后蕴含着教师的教学思想行为，包含着策略性方法的技术性和动机情感态度的精神性两个层面。教学行为是教法的具体表现，教法的打造源于教师教学行为的构筑。研究教法，是为了更有效地做好教学思想与行为。因而也论证出，教法成功的背后都有科学理论的踪迹可觅以及正确思想行为的厚重支撑。我们深深地认识到，教学实践中"管教不管学"观念的泛化不可取。

2. 体育教授方法的运用与组织

上述从多角度考察了教学方法的变革与问题，一是使我们了解了教学方法的变革是时代的标识，二是揭示了教师的思想行为是影响与制约教学方法选择与运用的直接因素。基于此，以下展开对有效教学方法运用的条件和策略是什么的解析。

文献梳理发现，国内学者皮连生和国外学者加涅认为，教学策略的指导适配性影响和制约着、支持和促进着学习量度的集合，测量着学习过程若干不同学习层级的变量发生和有效性的差异。即教学行为要符合学生认知科学的记忆性；教学认知量要与学生的短时记忆、中时记忆和长时记忆的编码科学结合，要能引起注意——应答记忆——行为反馈，要能建立接纳性、支持性、乐学的课堂气氛，以促进学生的理解能力、思维能力、问题解决能力等高级认知的发展。具体表现在两个方面：一是变化教学环境以适应学生的能力和学习技能；二是变化教学策略，科学认知学生的发展能力和学习技能。

围绕这一命题，有学者认为，传统教学方法设计以教为主，新教学方法设计以学为主。新的教学方法的选择与运用，就是实现"为学习的理解而教""为学习的理解而授"。为理解而教是指有效教学发生在为理解而教的时刻，要为不同的学生根据其学习程度设计不同的变量。为理解而授是指要运用启发性、领会性教学行为引发学生的学习兴趣，提升学生参与程度，使教学策略符合学生的认知习惯，发展学生的能力和学习技能。这样也会充分衔接"以理解为中心"教学流程与"为会学而设计"的有效教学策略。诚如英国教育家亨特断言：适应学生是教学过程的核心。

沿着这一认识的逻辑，有学者认为，衡量教师教学思想行为的准绳，是教育研究者们借助科学理论研究在抽象实践中制定出来的标准。教学实践指出，由于这些标准总是蕴藏着某个特定的教育情境，只有把握和理解了这些情境的特征，才可以较好地利用这些标准。那么如何教学有法、贵在得法呢？我们都很熟悉这样一则故事：一头驴子背盐渡河，在河边滑了一跤，跌在水里，那盐溶化了。驴子站起来时，感到身体轻松了许多，驴子非常高兴，获得了经验。后来，它背了棉花，以为再跌倒，可以同上次一样。于是走到河边的时候，便故意跌倒在水中。可是棉花吸收了水，驴子非但不能再站起来，而且一直向下沉，直到淹死。驴子为何死于非命？很重要的原因就是驴子没能正确对待经验，只是机械地套用了经验而未能对经验进行改造和创新。由上而知，教学方法是根据时代发展的新要求而发展的，只有不断对原有方法进行否定之否定的扬弃、建构与创新才是可为的。

"教学有法，但无定法"，既然"有法"，那就是"法"掌握的多少决定着量变到质变的开阔，而"无定法"则指出最有效地使用教学方法的人，就是能对教学方法理解最佳的人。一个不掌握教法全貌的教师，是不能支配控制教学行为的。古人云"登泰山而小天下"，讲的就是这个道理。

体育教学方法的运用，有以下关系需要把握：

①由于学生受教学质量的影响与制约，教学方法的运用存有范围与指向的关系。如果教师设计的教学情境或提出的新学习材料符合学生的认知性，学习动机就会发生。反之，教学情境是劣性的，不符合部分与整体关系的传导时，学习动机就不会发生。因此桑代克从有效条件对教学内容和学习过程进行论说，提出三大定律（准备律、效果律和练习律）。桑代克根据实验研究的结果认为，学习不是突然发生的，而是通过一系列细小的步骤按顺序达到的。学生学习过程存在三种由低级到高级的认知水平状态，这三种水平状态在学生的学习方式上，表现出不同的特征，制约着学习的质量和效果。准备律——怎样增强学习动机？练习律——怎样练习强化技能？效果律——怎样增强行为的满意度？这些为教学方法的选择与运用提供了科学依据。

②由于学生信息接收的通道是由低级记忆走向高级记忆的建构过程，教学方法的运用存有输入、编码、储存、提取、输出的序列递进关系。正如加涅指出，学习是加工系统、执行控制系统和预期动机系统的协同活动，存在着从外界信息输入经过感觉登记进入短时记忆到与长时记忆相互作用的学习现象，与若干不同学习层级的变量同时发生。这一理论为教学方法的选用加工提供了科学依据。

③由于知识的识记存有"同化—顺应""正迁移—副迁移"的相互干扰，对教学方法的运用存有相互关涉的关系。心理学研究表明，当两种技能的学习具有相同因素时，一种技能的变化可增进另一种技能的变化。反之，前一种技能的学习可干扰或弱化后一种技能的变化。这告诫我们在教学方法选用的策略上，应注意知识之间内在个性特征相互迁移的关系。

④由于知识的认识过程存有下级知识是上级知识基础的连接，所以教学方法的运用存有上下过渡连接的关系，有泛化、分化、自动化的阶段。对此奥苏伯尔提出，新知识与头脑原有知识可以构成三种同化模式，上位学习、下位学习、并列学习，即教师在知识讲解策略上，必须注重知识与知识之间上下建构的联系，帮助学生把新旧知识联系起来，学生才会真正将所学知识融会贯通。学习才不会产生副作用而成为负担。

⑤以整体观来看，教法是一个多种多样、博大而又深具开放性的体系。在其内部的各个层次上，不同方法之间各具特色，任何一种方法都不是万能的，每种方法都有它适用的时机和范围。在某一具体情境中是最优的方法，在另一情境中未必成功；反之，在一种情况下是低效的方法，在另一种情况下可能很有成效。因此，对其的运用要具有整体观，一方面要搞清楚该方法运用的有效性和局限性，另一方面，还要明白该方法有哪些同质的方法，以便以一种方法为主导，同时结合其他的方法，不陷入模式化的境地。

⑥从学习观来看，现代教学方法不再只着眼于如何引导学生更有效地积累知识。为学习而设计已成为现代教学方法的一个特色。可以说，任何一种教学方法的运用，如果忽视了怎样调动学生学习的积极性，都是不可取的。

⑦从学乐观来看，知识的传授不仅要上学生懂与会，还要让学生乐。在这一理念的支配下，现代教学方法正试图按照乐的法则来规划教学过程，努力把更多乐的因素带到学习活动中去。这一发展信念，正日益深入地渗透于教学方法之中，推动着现代教学朝着更令人向往的目标迈进，已成为现代教学方法的一种新追求。

第三节　体育学习方法的选择

美国未来学家阿尔温·托夫勒针对 21 世纪知识时代的来临深刻洞见地指出：未来的文盲不再是目不识丁的人，而是那些没有学会怎样学习的人。国外学者这一全新教育观指出"学会学习"不只是一种教育观念也是一种方法论和认识论的命题。梳理出体育教学要由教的方法走向与学的方法联姻，使学生由传统学习方式——知识的被动接受者，转变为知识意义的主动建构者。因而，学生学会学习的方法、学会学以致用就成为体育学法的目的。正如联合国教科文组织教育发展委员会在《学会生存——教育世界的今天和明天》报告中指出的那样：教育应较少致力于传递和储存知识，而应努力寻求获得知识的方法（学会如何学习）。

基于此，解析体育学法的构成与组织，概括总结其实施策略，提出理论范式，为促进体育教与学方法的建设开辟活水，为教师在教学形态选择与运用、重组或再造提供启示认知，为21世纪体育新课堂教学方法的设计提供完备的理论支撑，无疑是重要的，也是必要的。

一、影响与制约体育学习方法的要素

1. 对体育学习方法的本质认识不清

从影响体育学法问题的角度分析，体育学法问题的产生既有时代认识思想的逻辑演绎存在，也有体育教学自身方法论体系的不完善。正如学者张笛梅深刻地指出，21世纪的变革，不仅广泛而深刻地改变着我们的生产方式、生活方式、工作方式，也深刻地改变着我们的学习方式。受过去时代发展的制约，我们在理论上只是单一地以感觉论为基础阐述掌握知识的过程，把探索如何有效地教作为教学法则，没有建立如何使学生学会学习的理论与方法，没有说明教与学两者之间可共量、可通约的共相与殊相运用统一的理解和阐述。此种现象表明，我们只发挥了教师的主导作用和教学智慧，没有发挥学生学习的主动性和学习智慧的力量，因而它是不完善的。对此学者于素梅的调查指出，目前，教育学和体育学的专家对学法的专门研究还很缺乏，其研究还处于起步阶段。因而，导致发生对体育学法的本质认识不清、体育教法与学法的构成与组织不清，缺乏体育学法理论的指导，影响与制约了终身体育的培养与实施。置身于人类社会的发展来看，以教为主的教学范式已不能适应21世纪的知识化、信息化发展的要求，使学生"学会学习"已成为当代人类学习的新特点。

2. 缺乏体育学法理论的指导，体育学习方法的构成与分化不清晰

心理学研究证明，行为是认识的反映，认识是判断定势、选择方法的依据，决定人对事物的看法与行为方式的反映。以此观点审视我国已出版的学校体育教学与体育教学论者，可以发现我国学者对教法的认识比较深刻完整，形成了独立的范式与范畴，而对学法的研究论述甚少，没有形成应遵循的理论范式与明晰独立的科学范畴。即使有论述也局限于意义性的描述，缺乏以学法实践语境为设计的逻辑、结构与方法的明确指导。

致使教法与学法未能有机交融，致使体育学法的构成与分化不清晰，导致形成"只讲教不管学"现象不断蔓延，影响了向新课程学会学习的目标推进。因而对此进行研究，已成为亟待解决的问题。正如有学者指出，教材中内隐的认知框架影响着教师教学策略的筹划与教学方法的选择。

二、体育学习方法的结构和要素

1. 体育学习方法的界说

学者吴也显指出，学法是学生完成学习任务的手段或途径。从认识论讲，学法是指在教师指导下，学生获得经验方法的总和。从方法论讲，学法即指导学生学会学习，或者说是教师指导学生对学习方法进行的一种反馈与监控。体育学法即学生完成体育学习任务的手段或途径，是一种教师有意识地指导学生主动学习状态发生的认知策略，是教师指导学生由学会知识走向学会学习的方法。根据加涅的学习内部条件与外部条件的分类，体育学法的结构可由学习价值观的表述、学习方法的指导两部分构成。前者可由知识认知和学习意义建构等组成，如"为学习而设计""为理解而教""学习自由度"等。后者可分为定向引导阶段、理解应用阶段、领会创新阶段。沿着这一理解，体育学法的要素一般含有下列方面：预习发现、寻疑问难、边练边思、自我检验、自我校正、理解应用、意义建构等。正如现代教学理论认为，学法是一个在教师引导下，学生主动参与、独立思考、自主发现和不断创新的过程，而不是简单、被动地接受教师和教材提供的现成观点与结论。诚如古罗马教育家普鲁塔克所言，儿童的心灵不是一个需要填满的罐子，而是一颗需要点燃的火种。因而，在课堂教学中，体育学法是推动"学会学习"的依托，是实现"学会学习""学会认知""学会做事"的根本方法。促使学生要实现的：一是主动接受；二是自主发现；三是通过意义建构的途径和方向指引帮助学生由学习的必然王国向自由王国生成与转换。

2. 体育学习方法的分类

集合新课程经验得出，学法分类的构建应从学生主体素质两个方面着力：一是从学生的心理品质，如学生的兴趣、动机等情感因素去寻找学法的分类；二是从学生原有的文化水平、学习行为习惯，如已有的认知结构、思维能力等认知方面的因素去寻找学法的分类。这些因素往往积淀为一种心理定式，影响着学生学法的唤醒。教学经验证明，这两点在意义建构体育学习方法中尤其重要。诚如鲍尔诺夫认为：学习唤醒，可使主体的人在灵魂震颤的瞬间，感受到一种从未体味过的内在敞亮。他会因主体性的充分张扬而获得一次心灵的解放，他的自我意识也会随之空前增加。处于唤醒状态的学生，其智慧和心灵都闪烁着不寻常的光亮。布卢姆认为，只要能找到帮助每个学生学习的方法，那么从理论说，所有的学生都能学会掌握。上述对学法的研究与论述，可敦促我们从不同角度进一步认识学法的现象与规律，正确处理好教与学的关系。

三、体育学习方法的组织和运用

根据加涅学习内部条件与外部条件的分类特征，我们认为体育学法的组织与运用可从学习过程的指导、学习方法的指导两部分着手建构才是可为的。实践证明，以此作为划分学法组织与运用的依据，一是能够突出教学的目的性——使学生掌握体育知识与技能，即教师指导教授的艺术性；二是能够体现出教学的主体性——使学生领悟学会学习的方法，即学生学练的艺术性。

心理学研究证明，学习主动性来自学习环境的情境适配与知识意义的建构。这一命题指出，学习过程存有学生与学习内容策略设计、学习环境策略设计的有机匹配问题。正如建构主义认为，情境、协作、对话和意义建构是构成有效学习的四大支柱。这些视角指出了学习的成功不仅要靠智商还要靠情商，有效学法的实施取决于"知、情、意、行"的发生。基于这一理解，我们认为指导学习内容的体育学法设计应在以下方面下功夫：

1. 从学习内容的设计着手

其一，学习内容的深度、难度与学习活动适配性的安排。指向完成什么学习任务，达成什么教学目标。

其二，学习活动内容的顺序性和进度性的安排。场地、时间、器材等能否符合学生的学习要求，达成有效学习的展开。

其三，学习活动的差异性的设计安排。是否具有多元性、多样性、多层性等知识意义建构的发生，是否符合不同学生的能力、条件、性格，达成有效学习的展开。

其四，学习活动的行动和效果的设计安排。能否引起生生互动、师生互动等合作学习的发生，能否为参与的学生提供成绩考察和奖励，即达成懂、会、乐。因为这些特点的重要性是它能够感染、引发、激励学生的情感，使其产生良好的自主学习行为，保障学习活动持续深入。

2. 从学习需要的形式着手

教学论指出，教学应根据学习活动的不同而不同，应根据学习对象的情境变化而变化。这一命题指出，学习具有个性化的特点，只有适应学生特点的方法才是好的教学。基于此，我们认为有以下教学方式供参考借鉴：

①从求知需要的满足中求乐。布鲁纳明确认为，学习的最好刺激乃是对所学材料的兴趣。因此，增强教学内容的趣味性，满足学生求知的需要，以使其产生快乐情绪，便是必修课体育教学模式首先要重视的。

②从成功需要的满足中求乐。苏霍姆林斯基曾这样告诫教师：成功的欢乐是一种巨大的情绪力量，它可以促进儿童时时有学习的愿望。请你记住无论如何都不要使这种内在的力量消失。缺少这种力量，教育上的任何措施都是无济于事的。因而，教师在这方面所采取措施的关键在于，为学生尽可能创设获得成功体验的机会，改变传统教学方法，把学习与创设成功相联系。

③从建树需要的满足中求乐。所谓建树需要，就是学生把所学习的体育知识和技能灵活运用到实际环境中去。因而，教师积极开展各种各样的活动，为学生尽可能创造必要的外部刺激和条件，引发学生积极投身运动获得运动的满足。因而，教师要注重学生的情感体验，积极挖掘教学内容的快乐性、方法和手段的艺术性，寓教于乐是体育教学模式不可忽视的途径。赞可夫指出：要以知识本身吸引学生学习。

④从活动的形式中求乐。体育游戏法、竞赛法等由于其内容丰富、形式灵活，又富有一定的情节性、竞赛性和趣味性等特点，长期以来，不仅是我国学校体育教学的重要内容，也是体育教学的形式、方法和手段。有学者指出，体育游戏对于当前的体育教学改革至关重要。有了它，一个枯燥的练习可以变得津津有味，一个沉闷的教学可以生机盎然。因而，教师要在体育教学中科学运用体育游戏、竞赛法等扩展练习变式来提高学生的兴奋性，使学生在良性心理状态下学习技术，使学生中枢神经系统不断得到新的信息刺激，产生适宜的兴奋性，诱发学生的兴趣和学习的主动性、积极性，促进学生积极自愿地参加体育游戏活动，掌握自己所喜爱的运动项目的技术技能。

⑤从学习过程的指导着手。联合国教科文组织提出，学会学习是21世纪人类学习的特点。这一命题指出，形成一种独立的学习方法，要比获得知识更重要。因而释义出，形成使学生学会学习的方法，是制定教学策略最重要的目标。阶梯发展论认为，客观事物的发展都有一个明晰的阶段划分过程。为此，从内涵和外延两个方面来看，指导学生学会学习，需经由自身的习得和后天的教化两个阶段而成。其实现需要两个基本条件：一是外显学习（形成经验）。通过不同学习条件的运用，完成"实践—认识—再实践—再认识"的新旧经验的循环与深化。教师要遵循由量变到质变的规律完成这一循环和认

识。分阶段设计不同的环境和条件，逐段策划学生实践学习中运用知识、经验和智慧，形成学会学习的方法。二是内隐学习（养成学习习惯）。人类学习不仅有动物王国认识世界的自然性模仿，还存有抽象反思自我能动改造世界的属性。因而，可通过意向性学习的能动建构缩短自然学习的时间，进入飞跃阶段。学习实践证明，通过自我意向性学习的总结与领会，可促进学生学会学习，步入精神境界，进入内隐学习，不受外界环境的影响与条件的干扰，可自主自觉地监控自己学习，获得学习的能力。即唯物辩证法说的否定之否定。

从体育学法策略中我们可以看出，其方式多种多样：布鲁纳的发现式，不直接提供学习内容，让学生自己领会发现消化学习内容；奥苏伯尔的接受式，把学习内容直接呈现给学生，让其吸收内化；斯金纳的程序式，把教材系统条理化，让学生按进程学习；布鲁姆的掌握式，在集体教学后，根据不同学生知识掌握的程度，施以超前学习、扩大学习、补救学习等安排。需要注意的是，在其应用过程中，不存在先进方法与落后方法之分。它们之间尽管存有差异，不同方法有自我"供求"的指向与衍生的运行机理。但从学习的目的以及聚合效应来看，存有互补的关系，具有密不可分的统一特征，对其的选择与运用，不能陷入二律背反非此即彼的泥沼。如外显学习与内隐学习两种教学设计，都有其教学结构特点，虽然它们是不可相互替代的，各有其教学方法的共同点，但应根据其学习的不同阶段，灵活选择方法的应用。正如巴班斯基曾说：教学的方法和形式具有一定的相互补偿性，因而同一种任务可能借用不同的方法和形式来解决。

综上所述，要求在关注学法的教学方式的设计上体现出以下特点：

其一，交往性。现代教育理念指出，师生互动、生生互动等多向交往教学方式的效果最好。因而，学法的方式设计，既要重视学生自身学习信息的获得，也要考虑学生之间信息的转化、加工的反馈联系。

其二，多层性。因材施教原则告诉我们，学生之间存有学习能力的"不平等"。每个学生都有自己的学习领域，有自己的学习类型和认知风格。只要根据学生的喜爱去教学，有意义的学习就能发生，学生终身体育的行为就可能养成。因此，学法的方式设计必须面向学生的差别，施以多层的个性化学习选择，让不同质的学生都能得到学习的收获和满足。

其三，信息性。奥苏伯尔对学生知识学习的过程、结果和有效学习条件进行研究，提出有意义学习与机械学习、直接学习与间接学习分类的方式。要求我们根据学习表征的特点施以设计。学法的方式组成既要有间接的接受式学习方式，也要有直接的发现式学习方式，还要有独立的自主发现式学习方式。因而，学习的过程不仅有老师教学生学的过程，也要有学生之间合作学习的过程，还要有学生自主学习领会的过程。

体育学法的目的就是使学生学会学习。什么叫学会学习？苏霍姆林斯基指出，学校面临的主要任务，首先是教会孩子学习。通过具体的学习方法转化为一定的学习能力，既能提高学生学习的积极性和科学性，又能达到促进学生举一反三的目的。

对体育学法要素的构成可进行如下划分：①学习需要、动机、兴趣、毅力、情绪等非智力因素的指导，主要是解决学习目的和学习动力问题；②学习过程各环节及其方法的指导，主要解决学习方法问题；③学习能力的指导，主要解决学习习惯的问题。因而，我们认为指导学习过程的学法运用与安排有以下方面，供参考借鉴：

第一，解决学习目的和学习动力问题。

提高学习的元认识。了解学会学习的意义、特点与策略，才能建立学会学习的认知与方法。正如心理学研究证明，行为是意识的反映。学习策略不是先天具有的，是在具体的学习过程中形成的。因而，学习策略在一定程度上讲是一种学习技巧、学习习惯和学习情感体验的养成，它是内化学生学会学习的基础。

第二，解决学习方法的选择与运用问题。

①建立学习策略。学习指导经验证明，根据学习内容的特点正确选择和使用学习方法、建立学习策略至关重要。如果学习方法不能与学习内容和个体学习的心理特点相匹配，实现学习的目的就会很困难。

②学会评价学习策略。相关研究指出，建立学习策略是低水平的认知策略，只有学会对自己学习的活动进行评价和监控，主动调节影响与制约自我学习活动的相关因素，才是真正的学会学习。正如美国学者日耳曼所说，如果学生能够学会评价和监控自己的学习进程，那么他就可以成为一个"聪明的学生"。

第三，解决学习能力的运用问题。

学会比较总结。使学生通过对自己学习经验的总结就能知道自己成功在哪里、失败在哪里，逐步提高自己学习的能力和水平，从而学会学习，形成学习策略。如通过与他人进行学习方法的交流取长补短，做到有自知之明，提高自主学习的自觉性，形成适合于自己的学习特点。

四、常用的体育学习方法

依据四川省教科所严成志的学习理论分类，六种基本的学习方法解析如下，供参考借鉴。

1. 观察学习法

观察学习法是学生借助视觉有目的、有计划地对学习对象的活动深入地观察以获得信息资料的一种方法。观察学习法由来已久，它源于记忆的原理，形象的东西比抽象的东西更有利于记忆。体育学习的经验告诉我们，通过观察获得的学习对象的整体印象深刻，大脑皮层容易建立神经联系，形成动作技能的表象，可起到抽象思维难以达到的效果。借助此法，可使学生直观学习内容，明确教学对象，缩短学习时间，做到胸有成竹。因而，它是体育学习的首要方法。

2. 模仿学习法

模仿学习是体育学生自我练习不可缺少的学习方法，是学习体育运动技能的主要方法，有不宜用其他学习方法来替代的特征。恰如夸美纽斯在《大教学论》中对直观性原则的概括，没有它，教学是混乱的，学习是混乱的，因为学生学习体育各种基本动作技能一般都是通过模仿。体育技能外显特征强，以直观为主的模仿性学习方法，易使学生理解体育动作的学习过程和要领。因而在教学中，教师如何使学生理解掌握动作技能的要领与特征，是体育模仿学习方法能否成功实施的关键。如在动作学习的初期阶段，要先讲解粗大动作要领，不讲解精细动作要领。在此过程中，要做到"完整动作示范与分解动作示范相结合""常速与慢速相结合"，虽然模仿性学习方法是体育学习的一种基本方法，但它有比较明显的局限性和保守性。这种学习方法是一种低认知，长时间运用易窄化学生探求和迁移学习的能力。正如心理学研究发现，学习者为情境所塑造。

鉴于此，体育模仿性学习方法的教学安排，有以下方面可供参考：

其一，在动作学习初期，先讲解粗大的动作要领后讲解精细的动作要领。在运动技能示范的过程中，每一练习阶段都应有该阶段的示范要点，而不是无目的地示范。教师对动作技能要点的详细分析，应在学生初步掌握动作技能后进行，而不是在初学阶段，这样才能使体育模仿性学习方法发挥积极作用。

其二，就整体讲解与分解讲解而论，应考虑动作的难度和结构。对于难度不太大但结构复杂的运动技能，采用整体讲解比分解讲解的效果要好。学习复杂运动技能不能仅单纯地采用各种分解形式，应注意与多种辅导或诱导练习结合起来，这样效果才好。

3. 抽象概括学习法

杜威认为，思维是明智的学习方法。体育学习是经验的积累，遵循从形象思维逐步过渡到抽象思维这一基本认识规律。学生理解和掌握体育知识和技能，是概念认知、感觉认知、思维加工的运动形式。因此，该法对减少干扰因素、提高课堂时间比率和学习质量具有极为重要的作用。

该方法告诫我们：一是教师应该努力给学生讲清新旧动作的相似点，才能促使学生更快地学习和掌握新动作；二是教师及时纠错与提供教学评价反馈，对学生的学习策略十分重要。如在分化阶段，要讲解动作精细要领，关键性示范和难点示范相结合，纠误示范与辅助练习或诱导练习相结合，教学效果才好。正如发现学习理论认为，要给予学会学习的方法来促进学生学习。

针对抽象概括学习方法的教学安排，如果教师注意到下列因素，学习就可能产生良好的效果：

其一，学生完成动作的形式及结果受以往经验的影响。为了更好地帮助学生完成动作，应帮助学生对现在的学习状况和过去的学习经历加以分析总结。这样才能促使学生自我概括学习方法。

其二，迁移从一个难的动作到一个容易的动作，比从一个容易的动作到一个难的动作更容易产生。假如一个适宜的应答动作需要不断变化，刺激的形式又不可预测，那么学习应该从简单的状态过渡到复杂的状态。

4. 解决问题学习法

逻辑学指出，问题是思维的本源。苏联教育家斯卡特金在《中学教学论》一书中指出，学生掌握新知的过程实质上就是思维顿悟的过程，因而问题是学习的杠杆。学者易言释出，不注意发现问题或是感觉不到问题的存在，是难以学好体育动作技能的。从方法论说，体育学习即复习旧知证明新知的过程，也是学习怎样解决问题的过程。因为这些联系带有为运动直观经验所证实的具体性。所以解决问题的学习能增大学生对体育动作技能的理解性，促进学生感知、领会、理解和巩固知识结构。因而，该法对体育学习实践有着重要的指导意义。

对此有学者认为，交流与探究学习是解决问题富有情趣和意义的手段。解决问题的学习方法可从两个方面着手：一是依靠内部信息反馈来改进自己的学习；二是依靠教师和同伴的外部信息反馈来改进自己的学习。因此，解决问题学习方法的教学安排，有以下具体实施的方法可供参考：

①分析学习策略法。教学经验证明，让学生事先了解学习历程，引导学生根据学习内容拟定学习策略，制定学习步骤，提出注意事项，可促进有效学习的成效。

②学习成果分享法。相关研究指出，指导学生相互交流学习心得，彼此分享学习成果，可转化为有效的学习策略认知模式，促进学生学习与成长。

③同伴合作辅导法。心理学指出，学生在学习历程中的反应影响着同伴的学习行为。同伴的学习经验与策略可为学生学习提供参考，帮助学生解决学习困难，提升学习能力，有效增进学习成效，对有效学习有正面的效用。

5. 逻辑推理学习法

逻辑推理学习法在体育学习中的应用，就是形成学生"去粗存精"抽象概括的习惯。这对于培养学生抓住动作学习的关键特征，建立主观能动性的逻辑体系，逐步形成正确的学习步骤和自学能力起到很大的作用。该方法可引导学生发现已知和未知之间的差异或矛盾，引申从抽象思维上升到具体思维活动获得新知识。

针对逻辑推理学习法的特点，我们认为有下列关键因素，可帮助逻辑推理学习法产生良好的效果：

其一，心理学研究指出，两个运动技能的动作要素，其刺激方式及应答动作越相似，引起的正相迁移就越多。为此，要教会学生充分利用学习体验，对新运动技能的学习进行概括与总结。这样才有助于学生积极地进行逻辑推理学习。

其二，奥苏伯尔同化学习理论指出，学习前理解技能和领会要领知识，将有助于有效学习的发生。为此，课前提供切合教学目标的"先行者学习材料"，是促进学生有意义学习发生的重要先决条件。

6. 总结领会学习法

从方法论来看，可以说总结领会学习法是元认知活动的最高水平。这一学习方法在体育学习中的应用大体有两个途径：

①运用总结领会学习法。可推使初步理解的体育知识和技能不断扩大加深，使不大熟练的技能趋于纯熟，促进知识结构化。

②运用总结领会学习法。可回顾反馈学习一个阶段之后取得了哪些经验、今后应该怎样继续开展学习。

从某种意义上说，总结领会学习法保证学生形成"正确"的思维，可使体育学习活动从低级思维过渡到高级思维。正如法国思想家、教育家卢梭所说：形成一种独立的学习方法，要比获得知识更重要。

从上述内涵和外延两个方面来看，该学法的指导可从以下几点进行：

第一，指导学生养成良好的学习心理状态。①学习迅速、不拖延时间的习惯。②坚强意志耐心学习的习惯。③注意力集中不为外物分心的习惯。

第二，指导学生有效记忆的方法和温习教材的方法。如养成运用教科书、参考资料自主学习或课前预习的习惯；如了解和把握"记忆遗忘规律""序进累积规律""学思结合规律""知行统一规律"等。自觉意识到这一点，可为有效学习提供巨大的潜力，对开展有效学习活动有重要的指导作用。

第三，指导学生特殊的学习方法。如辨别学习材料从上到下、从里到外、从整体到部分的性质、原理、特征、异同，以及选用合宜的学习方法与策略、动作技能训练的方法与练习的方法与策略，教会学生学习。

第四，指导学生做笔记总结，诊断学习困难，形成学习策略，使学生掌握主动权，提高学习效率。

第四章 体育教学资源的开发与利用

第一节 体育教学资源的含义与分类

我国在 21 世纪基础教育新一轮课程改革中，把课程资源问题提到了一个非常重要的位置。当前，一个重要的课题就是强化课程资源意识，提高对课程资源的认知水平，因地制宜地开发和利用各种课程资源，更好地实现课程改革目标。在学校体育课程改革的过程中，人们不断体会到体育课程资源的开发和利用，无论是实现国家课程、地方课程还是校本课程的建设，都是实现体育课程目标的重要保障。

一、体育课程资源的含义

体育课程资源是一切能够支持和拓展体育课程功能的各种事物的总称。广义的体育课程资源是指有利于实现体育课程目标的各种因素，狭义的体育课程资源则仅指形成体育学习内容的直接来源。具体来说，体育课程资源是体育课程设计、实施和评价等整个体育课程与教学过程中可利用的一切人力、物力及自然资源的总和，包括教材、教师、学生、家长以及学校、家庭和社区中所有有利于实现体育课程目标，促进体育教师专业成长和学生有个性的全面发展的各种资源。

对课程资源问题的研究，于 20 世纪 70 年代起源于美国。目前对课程资源认识较早的是美国课程专家泰勒先生，他从现代教育的思维观出发，认为课程计划源于对学习者本身的研究、对校外当代生活的研究和学科专家的建议三个方面。在此基础上，美国学者坦纳夫妇和塞勒从社会、知识和学习的本质提出了课程来源的基础是"社会、学生和知识"。之后，英国课程专家理查兹等提出课程源于学科内容、学生、教师、环境以及这些要素间的相互关系。中国台湾学者黄炳煌认为，课程源于心理学、社会学、哲学和学科知识结构，学科知识结构与哲学领域中的认识有着密不可分的关系。上述这些早期的认识和观点，粗略地勾画出了课程资源的雏形。

从现代课程论研究成果看，对课程资源概念的认识有以下几种观点：其一，课程资源概念有广义和狭义之分。所谓广义的课程资源是指有利于实现课程目标的各种因素。狭义的课程资源仅指形成课程的直接因素来源。其二，课程资源是指可以进入课程活动，直接成为课程活动内容或支持课程活动所进行的物质和非物质的一切。其三，课程资源是指形成课程的要素来源，以及实施课程的必要而直接的条件。

二、体育课程资源的分类

课程资源可因不同的分类标准分成不同的种类，这些种类相互交叉、相互渗透。目前对课程资源类型划分的方式主要有三种：一是按存在的方式，将课程资源直截了当地分为有形资源（如教材、教具、器材设施等）和无形资源（如知识和经验、态度、能力等）；二是按功能特点，将课程资源划分为素材性资源和条件性资源两大类，前者指知识、技能、活动方式与方法、情感态度、价值观等，后者有人力、物力、财力、场地设施等；三是按时间、空间分布的不同，将课程资源划分为校内资源（如教师、学生、教学挂图、教材、场地器材设施等）、校外资源（如公共图书馆、家长、其他学校的设施、社区场地设施、活动中心等社会和自然资源）及网络资源（如多媒体、网络化的以网络技术为载体开发的校内外资源）。根据不同的标准，也有其他的分类方式（表4-1）。明确课程资源的分类，有利于学校和教师建立起科学、合理的课程资源观念，有助于课程资源得到有效的拓展和整合，从而对体育与健康课程的实施产生实效。

表 5-1　体育课程资源的分类

一级指标	二级指标	三级指标	四级指标
物质的	体育课程人力资源	体育课程人力需求资源	——
		体育课程人力供给资源	——
		体育课程人力配置资源	——
		体育课程人力开发资源	——
	体育课程物力资源	体育课程物质资源	体育课程设施资源
			体育课程信息资源
			体育课程财力资源
	体育课程物力资源	体育课程自然地理资源	政府财力资源
			社会财力资源
			学校财力资源

续表

一级指标	二级指标	三级指标	四级指标
非物质的	体育课程思想资源	体育哲学思想资源	——
		体育人文思想资源	——
	体育课程知识资源	健康知识资源	——
		运动技术知识资源	——
		体育人文社会知识资源	——
	体育课程经验资源	学生经验资源	——
		教师经验资源	——
		其他教育者经验资源	——

　　课程资源既是学生获得知识、信息和经验的载体，也是课程实施的媒介。可以说，课程资源的合理开发与有效利用是任何课程目标顺利达成的必要条件。但是，并不是所有的资源都是课程资源。只有那些真正进入课程，与教育教学活动联系起来的资源，才是现实的课程资源。

第二节　人力资源的开发与利用

一、人力资源的科学内涵

（一）人力资源的定义

　　关于什么是人力资源（human resource），学术界尚存在着不同的认识和看法。人力资源这一概念最早是由美国经济学家约翰·康芒斯提出，首次将过去的"劳工等同于生产工具"的想法转变为"有价值的极高的资源"。而后，1954 年，管理大师彼特·德鲁克正式地在《管理的实践》一书中提出了人力资源的概念，强调需要把人看作一种特殊的资源，还要重视人的"人性面"。而后又有学者从经济学、人口学、素质观的角度对人力资源进行了界定，众说纷纭。我国学者主要从能力和人的角度对人力资源的含义进行了界定。

1. 人力资源的能力视角界定

　　从能力的角度来界定人力资源的含义，也称为劳动能力论，偏重于强调人力资源质量的方面，持以下几种观点的专家和学者比较多。

第一，人力资源是指能够推动整个经济和社会发展的劳动者的能力。

第二，人力资源是指内含在人体内的一种生产能力，对经济、对社会生产活动起到决定性的作用的能力。这种生产能力的大小同劳动者的数量和质量正相关。

第三，人力资源是指可用于人类生产产品或提供服务的技能、知识和活力。

第四，人力资源是指企业员工天然拥有可以直接投入在劳动过程中的体力、智力、心力的总和，涵盖了知识、经验、技能、个性与品德等方面的身心素质。

总之，所谓人力资源就是指人所具有的对价值创造起贡献作用并且能够被组织利用的体力和脑力的总和。

2. 从人的视角定义人力资源

人的视角主要是从人的角度来界定人力资源的概念，偏重强调人力资源数量的方面。具有代表性的观点主要有：人力资源是指在一定社会区域内所有具有劳动能力人口的总和，包括适龄劳动人口和超过劳动年龄仍具有劳动能力，继续从事劳动的人口；人力资源是为企业提供服务，有利于企业实现预期经营效益的员工和顾客的总和。

综上所述，人力资源既可以指人，也可以指存在于人身上的各种能力，能力依附于人这个载体之上，离开人这个载体，能力也无法单独存在。

（二）人力资源的构成

人力资源的构成也可以从质量和数量两个角度进行分析：

1. 以人力资源质量（员工能力）为切入点

人力资源的构成，可以分体力和智力两个方面。或者从现实的应用的角度来说，分别是体质、智力、知识、经验和技能等。

体质指身体素质，体力、体能和活力；智力指一个人的智慧程度，对工作和学习期基础性作用的能力；知识是指一个人的知识广度和知识深度；经验是指一个人过去从事过何种工作，担任过何种职务，取得过何种成绩；技能则是指一个人表现出来的可以操作化的能力，是完成工作任务的具体能力。

2. 以劳动力数量为基础

宏观意义上，一个国家或地区的人力资源的构成包括以下几个方面：

①适龄就业人口，指处于劳动年龄之内、正在从事社会劳动的人口。我国法律规定年满 16 周岁为成年人，可以参加社会劳动和就业，60 岁为法定退休年龄，所以，我国

适龄就业人口的劳动年龄为 16~60 岁。

②老年就业人口，指已经超过劳动年龄、继续从事社会劳动的人口。

③未成年就业人口，指尚未达到劳动年龄、已经从事社会劳动的人口。

④待业人口，指处于劳动年龄之内、具有劳动能力但尚未参加社会劳动的人口。如失业尚未找到工作的求职人员或毫无就业意愿的待业人员。

⑤就学人口，指处于劳动年龄之内、正在从事学习的人口。如处于求学阶段的大学生。

⑥家务劳动人口，指处于劳动年龄之内、正在从事家务劳动的人口。如全职太太。

⑦军队服役人口，指处于劳动年龄之内、正在军队服役的人口。主要指现役军人。

上述前三部分人口，构成就业人口的总体，也是现实的人力资源。后面四部分人口是间接的、尚未开发的、潜在的人力资源，在适当的情况下可以转化为现实的人力资源。

（三）人力资源的主要特点

至于人力资源的特点，我们认为人力资源是一种特殊资源，同其他资源相比有以下特征：

1. 工作经验的积累性

人力资源是一种有生命的"活"的资源，它以人为载体，存在于人体之中，与人的生命发展过程紧密相关。此外，人力资源生物性还表现在人力资源的再生性。人类的繁衍使人力资源生生不息；人力资源在开发利用的过程中也是一个自我更新、持续再生的过程，通过学习更新知识，通过工作积累经验、提高能力。

2. 工作能力的时效性

人力资源的形成、开发和利用受到了时间因素的限制。从人的生命周期来讲，人力资源的形成与积累需要一个过程（形成期），当人力资源积累到足以被开发利用的时候，投入社会生产过程中才会产生效益和效果（开发期）。而当人进入老年，其体力和脑力都不断衰退，不能从事体力或脑力劳动（衰退期），也就谈不上发挥作用了。一般而言，最佳的人力资源开发和使用的时间是 25 岁到 45 岁。人力资源的管理与开发必须尊重人力资源的这一特征。

3. 工作的主观能动性

人力资源之所以能区别于其他的自然资源、社会资源，主要是因为人力资源是有目的、有计划地使用自己脑力和体力的生命体。这种特性就叫作能动性。其他资源在其被开发和利用的过程中，完全处于一种被动的地位。人力资源则不同，他具有思想、思维和情感，能主动地有意识地去利用其他资源，能创造性地提出全新的办法，加速社会的进步和经济的发展。人力资源的能动性主要体现在：通过学习提高个人能力；根据爱好和特长选择职业；积极劳动，创造性的完成工作任务。

4. 工作需求的社会性

人力资源具有社会性，是指人所具有体力和脑力尤其是脑力明显地受到时代和社会因素的影响。人既有人性的一面，也有社会性的一面，认识到人的社会性，就应当考虑人力资源的社会性需求，只有满足了他们的这些需求才能更大的激发他们的工作热情。

（四）人力资源的分类

人力资源按重要性程度分为突破性人力资源、关键性人力资源、基础人力性资源和外围性人力资源（图5-1）。突破性人力资源指能给企业带来革命性、转折性的人才，这样的人在企业中占极少数甚至没有，如激烈竞争行业中的总经理、高科技行业中的技术负责人、市场导向企业中的市场负责人等。关键性人力资源是指在企业中起关键作用的人员，他们是企业的主要高层领导、主要职能部门负责人和主要业务部门的负责人，或技术骨干。基础性人力资源是指给企业做基础性工作的人员，他们是企业人员的主体——普通员工。外围性人力资源是指企业出于非经济性目的而安排的就业员工或者企业外部可控的潜在人力资源，如福利性机构人员、企业所在地本行业劳动力市场上的求职人员。

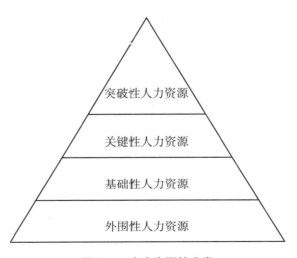

图5-1 人力资源的分类

人力资源的分类并没有截然的标准，但把人力资源按照四种类型分类进行管理是相当重要的，这样会使企业在人力资源管理中抓住主要矛盾，把握主要矛盾的主要方面，以最少的投入解决根本的问题。

二、体育课程人力资源的开发与利用

体育课程的人力资源包括体育教师、学生、家长、班主任和其他有一定体育特长的教职工、校医、校外体育专家、社会体育指导员、运动员、教练员、医生，以及受有一定体育特长的社会其他人员等。他们的知识、智力以及体力等都可以通过开发进入体育课程。

（一）体育教师

体育教师不仅是课程的实施者，也是课程的组织者和开发者。体育教师是最重要的体育课程人力资源。在体育课程资源的开发过程中，教师的素质决定了课程资源的识别范围、开发与利用的程度以及效益发挥的水平。开发人力资源就是要充分挖掘人的潜能、发挥人的多种作用、体现人的多种价值。对体育教师潜能的开发，应该成为体育课程人力资源开发的重点。

体育教师应提高专业素质和能力，以适应现代教育对体育教师的要求，适应当前体育课程改革的形势。体育教师首先要加强学习，不断进取，努力提高学历水平；其次学校要加大对体育教师的培训力度，使其具有更强的专业技术和更扎实的教学理论、方法和知识。另外，要加强高校体育教育专业建设，完善人才培养模式，调整课程体系，以适应基础教育体育课程改革，使毕业生的知识储备、素质、能力符合社会对体育教育专业人才的需求。

总之，体育教师要与时俱进，树立新的教学理念，确立先进的教育思想，掌握现代化的教学技术手段，不断提高自己的"一个水平、两个结构、三个职能"。"一个水平"是指自身的学历水平；"两个结构"是指教书育人的知识结构和能力结构；"三个职能"主要是指传播知识的职能、服务经济建设的职能和培养人才的职能。

（二）学生

学生是体育课程学习活动的主体，要鼓励和引导学生积极参与体育课程资源的开发。各班的体育委员、学校代表队的队员和在体育方面有一技之长的学生都是有效的人力资源，在教学和各种活动中，要充分发挥他们的热情和较强的组织能力。对有体育特长的学生，应给他们创造机会和条件使其体育特长得以展现，如可以让他们组织学生做准备活动及辅助老师管理体育课、体育活动等。同时，要利用学生爱动好动的天性，激励学生积极参与课程资源的开发，让他们自己去创造新颖的、安全的、健康的、有趣的游戏，改造自己喜欢的"成人项目"，自制体育器材和教具，通过网络和媒体收集体育信息等。

（三）其他人力资源

人力资源的开发除了占主导作用的体育教师和占主体地位的学生外，还有具有体育特长的其他学科的教师、班主任、校医、家长、社会体育指导员等。对于有体育特长的教师，应创造机会和条件使他们的体育特长得以展示，组织体育活动，指导学生运动队的训练；让班主任号召、组织学生积极参与课内外、校内外的多种活动；应充分利用校医或卫生保健员的特长，创造机会和条件，使其帮助、配合、支持体育教师，共同完成课程目标。校医可为学生开展保健知识、运动损伤预防与治疗方法的讲座，或者根据学生不同的身体状况，进行个案病理分析，帮助学生制订体育锻炼方案，使其能够得到合理有效的体育锻炼。

要发挥家长的督促作用。通过组织家庭运动会、趣味运动比赛、休闲体育问答、亲子游戏活动、家庭体育活动站等，使学生与家长互动起来，协调学校与家庭体育活动，活跃校外体育活动。这样，既增进了学生与家长的感情，又拉近了学校和家长的距离，同时，这些活动又在一定程度上实现了全民健身计划。

近年来，由于国家对社会体育的高度重视，对社会体育指导员的培养也加大了力度。通过各种形式的培训，在社会的不同层面，一大批社会体育指导员发挥着重要的作用，有力地推动了《全民健身计划纲要》的实施。从目前看，社会体育指导员已逐渐成为指导全民体育活动开展的中坚力量。在校外，可利用与开发社会体育指导员，请他们辅导、督促和帮助学生进行体育活动。在社区，要积极地发挥社区体育指导员的作用，请他们辅导学生开展体育活动。同时，可利用社区人群的各种锻炼队伍，如秧歌队、舞剑队、舞蹈队、太极拳队等，为广大青少年树立锻炼身体的榜样。

另外，可以聘请校外体育专家、教练员指导学校体育工作，也可以请一些著名的运动员进行体育表演，以激发学生的学习兴趣。

第三节　体育设施资源的开发与利用

体育场地、器材是加强素质教育、提高体育教学质量、增进学生健康的物质保证。虽然国家已制定了各级学校体育器材设施配备目录，但由于我国各地经济、文化发展的不平衡，各地、各校体育器材设施配备水平不尽相同。特别是我国许多城市学校体育场地狭小，农村学校体育场地简陋、体育器材严重不足。在这种情况下，应当充分发挥现有体育器材设施的作用，开发其潜在功能。

一、体育教学器材开发利用的意义

随着新课程标准的实施，体育课改革工作也进一步深化，体育课作为弘扬我国民族体育文化的主要途径，在我国教育界的地位越来越高，学生对体育课也越来越重视。体育课改革重视对课程资源的开发，这对优化体育课教学、提高体育课教学质量有着极其重要的作用。体育器材多重功能的开发和利用，是当前体育课教学的重要组成部分，对我国新时期的体育课改革有着助推作用。现今很多体育课新教材中，都明确指出体育器材多重功能的开发和利用不是为了开发而开发，而是为了利用而开发，要将体育器材多重功能的开发与教学实际联系起来，以促进体育教学质量的增长为最终目的。在体育教学中，对体育器材多重功能的开发与利用的主要作用体现在两方面：一是能够激发学生的学习兴趣，提高体育教学的质量；二是充分发掘体育器材的功能，使体育器材的教学作用最大化。由此可见，在体育课教学中，体育器材多重功能的开发与利用是由我国现今体育教学发展情况决定的，是当今我国体育事业发展的必经之路，是提高我国体育课教学质量的重要保障。

在当前我国体育课教学中，虽然很多人在极力倡导开发和利用体育器材多重功能，但是由于课标中对体育课程资源开发的指导不足约束力不够，导致我国体育课程资源的开发，尤其是在课程内容资源的开发方面，出现了很多不良现象。比如在教学内容方面存在着非体育性教材涌入的现象，在体育器材的开发方面存在着生活物品涌入的现象。这些不良现象，不但不能提升体育课教学的效率，反而会影响体育课教学的开展。因此，在对体育课程资源开发和利用时，必须对其进行合理的管制和约束；必须将体育器材多重功能的开发和利用与本校的实际情况联系起来，对不同体育器材的特点进行分析，然后合理地开发和利用。

二、体育器材的开发利用

（一）发挥体育器材的多种功能

一物多用，根据器材特点开发其多种功能，是解决器材品种少的好办法。例如：栏架可以用来跨栏，也可以用作射门，还可以用作钻越的障碍等；标枪可以用来投掷，还可以在两根标枪之间拉上橡皮筋当作跳高架，并可用作蛇形跑、钻"洞"跑、图形移动、跳跃等练习的教具；利用跳绳还可以做绳操、斗智拉绳等。

（二）制作简易器材

制作简易的体育器材，不仅能解决体育器材短缺的问题，还可以培养师生的动手能力。土洋结合，互相嫁接。如：用木棍制成高尔夫球杆；用饮料瓶和软球打保龄球。

变废为宝，因陋就简。把废旧不用的物品，重新改造成体育运动的器材。如：用废旧的铁锹杆、锄头把等制作接力棒；用废旧的竹竿和橡皮筋制作栏架；用废旧足球、棉纱和沙子等制作实心球；用废旧布、豆子或沙子制作沙袋；用木块制作起跑器；用树桩制作"山羊"；用砖头水泥或石块砌成乒乓球台；用砖头、木块、竹竿代替球网。

因地制宜，化旧为新。在教学过程中，可采取因地制宜、化旧为新的方法来利用那些位置固定、不易搬动和调整的大型器材和设施。如：篮板，可以做投掷靶；肋木和单杠可以做障碍跑的"山洞"；花坛间的夹缝可以做"战壕"等。

（三）改造场地器材，提高场地利用价值

在我国，由于受竞技体育思想的影响，学校体育场地器材大多成人化，这实际上是忽视了学生的年龄特点和兴趣爱好。因此，有条件的学校可以将成人化的场地器材改造成适合学生活动的场地器材，努力将体育场地器材改造成学生的运动乐园，以满足学生体育活动的需要，吸引更多的学生参与体育活动。例如，降低篮球架高度；降低排球网高度；缩小足球、排球、篮球的场地等。

（四）合理布局学校的场地和器材

学校场地和器材的布局是一项重要的设计工作，应当认真研究、合理布局，最有效地利用学校空地。要因地制宜、量体裁衣，根据实际情况，设置适宜的场地和器材。中

小学体育教学和体育活动一般都是综合性的活动内容，为方便体育教学和体育活动的进行，有必要布置几个综合性场区。设置综合性场区时，应注意以下问题：在一堂体育课中变换教学内容时，应当便于调动和观察学生。尽量做到学生在进行体育活动时互不干扰，确保学生的安全。应安排隔离通道，以防发生伤害事故。应远离教室、图书馆、实验室。

（五）合理使用场地和器材

应最大限度地挖掘场地和器材的使用空间和时间，同时注意安全问题和场地器材的保养工作。为了最大限度地挖掘场地和器材的使用空间，应当充分利用学校的空地和学校周边环境，处理好"利用"与"安全"、"使用"与"保养"的关系，认真进行实地考察，要合理地统筹与规划。为了最大限度地挖掘场地器材的使用空间和时间，应当制定体育教学和课外体育活动场地器材的分配时间表，并要求教师或学生按指定区域和时间进行体育教学或体育活动。校方在制定课表时，应考虑学校体育教学条件的现状，最大限度地挖掘和利用场地器材

第四节　体育教学内容资源的开发与利用

一、体育课程内容资源开发的意义

（一）理论价值

1. 拓宽体育课程研究的领域，促进体育课程及体育文化的发展

体育课程内容资源开发对体育课程而言，是一个崭新的领域。它的研究，将大大加深人们对体育课程的理解，拓宽认识和研究体育课程的渠道和路径。同时，体育课程内容资源的开发，将极大地丰富和发展体育课程的内容体系，这在一定程度上丰富了体育文化的内容，对促进体育文化的传递、创新和发展具有重要的理论意义。

体育课程内容资源的开发，成为体育课程改革的突破口。这不仅表现在它将直接导致体育课程内容的变革，而且对体育课程的其他方面，如体育课程类型、体育课程评价以及体育课程实施中的教学方法与手段、教学组织形式等的变革，也将产生积极而深刻的影响，对体育课程的整体建设与发展有着重要作用。

2. 有利于促进学校体育与社会体育以及竞技体育之间的联系

一直以来，在理论层面，学校体育被认为是学校内部的体育活动。如今，人们逐步认识到学校体育不应该局限于校园内部，而应该逐渐与社会体育和竞技体育加强联系，并在联系中相互借鉴与发展。但是，如何才能在学校体育与社会体育和竞技体育之间架起一座桥梁，一直是人们努力想解决的难题，而体育课程内容资源的开发为解决这个难题提供了新的思路和契机。首先，体育课程内容资源的开发打破了学校的空间界限，使更多社会体育和竞技体育的手段和内容通过提炼、加工成为体育课程内容。学生通过这些内容的学习，不仅可以了解当今社会体育和竞技体育的最新发展动态，还能为他们以后参加社会体育和竞技体育的实践奠定一定的基础。

其次，体育课程内容资源的开发，必然调动社会体育及竞技体育领域的一切可以利用的人力、物力、财力和信息，这在客观上加强了学校体育与社会体育和竞技体育之间的联系。

最后，体育课程内容资源的开发，可以使人们更新观念，促进学校体育与社会体育和竞技体育不同领域之间的相互理解，消弭隔阂，从而真正树立"大教育"和"大体育"的观念。

3. 有利于促进体育课程与其他学科课程以及校园文化之间的融合

过去，体育学科与其他学科一样，处于一种自我封闭的发展状况这不仅阻碍了体育学科的发展，而且不利于学生身心的全面发展。体育课程内容资源的开发是在学校内外、社会的大背景中进行的，因此必然超越体育学科的界限，将学校内其他学科的资源以及校园文化资源纳入自己的视野和范围。体育课程内容资源的开发，将最大限度地促进体育课程与健康教育、生活教育、生存教育、环境教育、国防教育以及校园文化的相互融合与借鉴，使体育课程与各学科的交叉渗透、融会贯通，自然而然地发生于课程实施的过程中，对学生的身心教育与影响将更为全面。

4. 为体育课程改革提供理论支撑

理论对实践具有重要的指导作用，体育课程改革必须有完整的理论作基础。

当前我国体育课程改革呈现出一个畸形的特点，那就是实践先行，缺乏必要的理论支撑。迄今为止，关于体育课程方面较为成熟的理论专著几乎为零，出现了一个极不平衡的反差：一方面体育课程改革的实践如火如荼，另一方面相关的理论研究显得贫乏，这势必影响体育课程改革整体推进的质量与效果。

体育课程内容资源开发的相关成果，将从理论和实践上回答体育课程中遇到的一些新问题，使体育课程理论不断丰富和完善，在一定程度上将为体育课程改革奠定理论基础。

（二）实践价值

1. 有利于促进体育教师的专业发展

课程资源的开发为教师的专业成长找到了一条理想的途径，课程资源开发过程就是教师专业不断成长的过程，开发程度和范围的大小，将决定教师专业发展的程度和水平。长期以来，体育课程内容基本上是由专家预先规划设定的体育知识、技术、技能体系和载体，形成了"专家设计课程、教师教课程、学生学课程"的模式。这使得广大体育教师将体育课程内容视为国家规定学生必须掌握的基本知识、基本技术和基本技能，误认为体育教学大纲和体育教材是既定的、唯一的体育课程内容资源。这不仅束缚了体育教师的创造力，使他们变成了固定的体育课程内容的传授"机器"，也使得宝贵的体育课程内容资源——体育教师和学生的经验被白白浪费掉了。

2. 有利于促进学生的发展

其一，有利于调动学生多种感官参与学习活动，激发学生的学习兴趣。大量、丰富、开放的体育课程内容资源给学生提供了体育教材无法比拟的感官刺激、信息刺激和思维刺激，这既可以提高学生参与体育学习的主动性，又可以使学生在愉悦中掌握体育的知识、技能，培养能力，陶冶情操。如对足球运动的学习，体育教材中所提供的相关信息远远不能满足学生的需要。从体育课程内容资源开发的角度而言，教师可以指导学生从多种渠道获得足球运动的各种信息：从网络、报刊中获得足球运动的相关知识、图片；从电视中观看足球比赛的精彩场面；从学校或社区足球场向足球"高手"们学习各种足球技能等。

其二，促进学生学习方式的变革，使学生从被动学习走向主动探索。学生也是体育课程内容资源的开发主体，学生的经验、感受、兴趣、爱好、知识、能力等构成了体育课程内容资源的有机组成部分，这将极大地调动学生学习的积极性和主动性。此外，面对丰富的体育课程内容资源，学生还将面临如何获取信息、如何筛选信息、如何分析信息以及如何从各种信息中归纳出对解决问题有用的东西等一系列问题。因此学生主动参与式的学习、合作式的学习、探究性学习等各种新的学习方式将走进体育课堂，这势必将带来学生学习能力、学习水平和学习态度等一系列的变化，对培养学生的实践能力和创新能力具有重要意义。

3. 推动新体育课程标准的顺利实施

选择什么体育课程内容，由过去专家的事变成了专家、体育教师和学生共同要面对的事情。因此，对体育课程内容资源的开发就显得尤为重要，开发什么样的内容、如何开发、开发的水平怎样等一系列问题，不仅直接影响体育课程的实施水平和体育课程目标五个领域的达成度，而且在某种程度上也关系课程评价内容、方法、手段等的安排。因此，体育课程内容资源的开发便成为新体育课程标准顺利推进的关键环节。

4. 为体育校本课程开发提供借鉴

校本课程开发也是这次基础教育课程改革的亮点之一。《基础教育课程改革纲要（试行）》明确指出：改变课程管理过于集中的状况，实行国家、地方、学校三级课程管理，增强课程对地方、学校及学生的适应性。校本课程开发与课程资源开发具有必然的联系，它是建立在课程资源开发的基础之上的。从这个意义来讲，体育课程内容资源的开发可以为体育校本课程开发提供经验与借鉴。

二、体育课程内容资源开发的原则

（一）开放性原则

所谓开放性原则，是指体育课程内容资源的开发，要打破时间、空间、学科、领域、途径的界限，尽可能开发利用有益于体育课程实施活动的所有体育课程内容资源。即以一种开放和包容的心态对待人类所创造的一切文明成果，只要有利于实现体育课程的目标，就应该将之纳入开发与利用的视野，兼收并蓄，为我所用。事实上，从体育课程的发展历史来看，体育课程内容就一直变化、更替着，从体育课程发祥时代的兵操，到现代的各种运动项目；从相对贫困时期的健身养护内容到后工业时代的娱乐休闲内容等，体育课程本来就是一个开放的、不断变化的系统，本身就具有极强的包容性。

体育课程内容资源开发的开放性，包括时间的开放性、空间的开放性、学科的开放性、系统的开放性以及途径的开放性几方面。

①时间的开放性是指体育课程内容资源的开发应该跨越时间的界限。从古至今，人类在几千年发展过程中创造了灿烂的体育文化，有的虽历经时间的侵蚀，但仍然熠熠生辉，闪烁着璀璨的光芒。古代的、近代的、现代的各种形态的体育文化为我们提供了一个丰富的资源库。我们可以根据需要从中选择相关内容进行开发，并不断推陈出新，赋予它们时代的意义。

②空间的开放，是指体育课程内容资源不论是校内的还是校外的、中国的还是外国的、农村的还是城市的、汉族聚居地的还是少数民族地区的，只要有利于实现体育课程目标，都可以在经过筛选后进行开发。

③学科的开放性是指体育课程内容资源的开发在学校内部要打破体育学科与其他学科之间的界限，尽可能利用其他学科如语文、数学、生物、物理、地理等的内容资源，使所开发的体育课程内容更具有综合的、全面的教育意义。系统的开放性有两层含义：一是指在体育课程内容资源开发时，不要只局限于学校体育系统，要尽可能利用社会体育系统和竞技体育系统的内容资源；二是指在体育课程内容资源开发时，要超越体育系统的界限，政治、科技、文化、军事、医疗卫生等社会其他系统，也有大量丰富的体育课程内容资源，也是我们开发的对象。

④途径的开放性是指体育课程内容资源开发不应该局限于某一种途径或方法，应尽可能探索多种途径或方法，并能协调使用。

（二）针对性原则

所谓针对性原则，是指要针对体育课程目标，从学生、体育教师、学校的特点和实际出发进行体育课程内容资源的开发。

首先，要针对体育课程目标进行体育课程内容资源开发。体育课程内容资源开发的最终目的是体育课程目标的实现与达成，因此体育课程内容资源开发自始至终要围绕着如何有效达成体育课程目标来进行：一方面，不同的体育课程内容资源具有不同的作用与功能，对于不同特定的体育课程目标，就应该开发不同的体育课程内容资源；另一方面，一些不同的体育课程内容资源可能具有相同的作用与功能，开发时就应该针对体育课程目标对各种资源进行比较与分析，以便能开发出适应性相对较强的体育课程内容。

其次，要针对学生的特点进行体育课程内容资源开发。这在理念上体现了体育课程开发与建设要"以学生为主体"的思想。具体表现在三个方面：一是要针对学生的生理和心理发展水平；二是要针对学生的体育兴趣与爱好，尽可能激发学生的求知欲；三是要针对学生已有的体育学习基础和能力。

再次，要针对体育教师特点进行体育课程内容资源开发。每一位教师都有自己的认知策略、思维习惯和工作方式，有自己的生活经历和教育背景，有自己的经验、兴趣、爱好、专长和个性特征及不同的教育教学风格等，这些不仅会直接影响他们对体育课程内容资源开发的认识，也关系开发方式和开发的广度与深度。因此，应针对每个体育教师的教育思想、理念、知识、经验、专业水平、特长等来开发体育课程内容资源。

最后，由于各个学校具有不同的性质和任务，其所在地理位置、历史传统、培养目标、办学宗旨、师生结构、校风校纪、校容校貌等各不相同，所以要针对学校的特点进行体育课程内容资源开发，如学校的自然环境特点，学校的场地、器材、设备的特点，学校的体育传统与风气、班风与校风的特点等。体育课程内容资源的开发在很大程度上受各学校体育课程环境资源状况的制约，因此，体育课程内容资源的开发也要因地制宜，从各个学校的实际出发。如：山区学校可以以山为主题来开发体育课程内容资源，如登山、攀岩、远足、野营等；地处江、河、湖、海附近的学校则可以以水为主题开发体育课程内容资源，如游泳、龙舟、划船、水中健身操等。又如：城市经济条件好的学校可以利用校内外的网络资源，进行体育课程内容资源开发，如开发各种体育知识、运动项目的比赛规则、健康保健知识等；而农村经济条件较差的学校可考虑开发一些本乡本土的、民间的体育课程内容资源，如舞龙、采莲船、踩高跷、顶扁担、滚铁环和其他民间游戏等。

（三）合作互补原则

所谓合作互补原则，是指在体育课程内容资源的开发过程中，要充分发挥体育课程专家、体育教师、学生等人员的作用，充分利用他们的知识、经验、特长以及各自的优势，取长补短，优势互补，共同提高体育课程内容资源开发的质量与效果。合作互补的原则有四层含义：一是中小学体育教师与高等院校或科研机构的体育学科专家之间的合作互补；二是不同学校之间或同一所学校内部体育教师们之间的合作互补；三是中小学体育教师与学生之间的合作互补；四是中小学体育教师与其他人员之间胡合作互补；等等。

体育教师作为体育课程的实施者，由于身处教学的第一线，因而具有较强实践能力和广阔的实践舞台，但是他们普遍缺乏教育研究方面的知识，教育理论视野也不够开阔，加上繁重的教育教学工作，其参与体育课程内容资源开发的积极性和效果都会受到一定的限制。而高等院校或科研机构的体育学科专家们虽有较强的体育课程内容资源的开发意识，也有较扎实的教育理论基础和教育科研能力，但缺乏像中小学体育教师那样的现场经验和具体实践操作能力。因此，只有将二者的优势结合起来，形成理论指导——实践操作的相互结合，才能使体育课程内容资源的开发方向更加明确、效果更加明显。

中小学体育教师之间的交流与合作，对提高体育课程内容资源开发的质量与效果也有很重要的意义，因为：其一，体育教师之间的合作、探讨、经验分享本身，就是开发体育课程内容资源的重要方法之一；其二，由于体育教师们活动的空间背景相对一致，或同一所学校，或同一个城市、一个区、一个县、一个乡镇的几所学校，其在地域上有着相同的特点，通过相互合作，有利于开发出特色鲜明的体育课程内容。另外，体育教师之间的合作，还可以使一个体育教师或一所学校在体育课程内容资源开发方面所取得的成果和经验，能够迅速在其他教师中推广，起到较强的示范作用，有利于体育课程内容资源开发的不断深入。

体育教师与学生的合作，同样有利于体育课程内容资源的开发。学生在体育方面的知识、技能、经验等虽然不像体育教师那样，经过了专业的培训，但他们在体育方面同样也具有体育教师没有的生活实践优势。表现在：第一，某个领域的体育知识，如 NBA（美国职业篮球联赛）、德甲、意甲、英超等方面的各种信息，学生可能比体育教师掌握得更多；第二，某些运动项目特别是新兴运动项目的知识和技能如山地自行车、滑板、轮滑、台球等，体育教师可能不如学生；第三，学生本身所拥有的生活和学习经验是体育教师不具有的。体育教师通过与学生合作，不仅可以大大提高体育课程内容资源的丰富程度和开发效果，也有利于使学生的经验进入体育课程，成为体育课程的重要内容。

在体育课程内容资源开发过程中，体育教师与其他人员如学生家长、学校行政人员、教练员、民间艺人、社区其他人员等之间的合作也是非常重要的。也就是说，体育教师要充分利用一切可以利用的"外力"来提高体育课程内容资源开发的效果。

（四）开发与利用相结合原则

开发与利用相结合原则是指在体育课程内容资源开发过程中，不能单纯为开发而开发，要注意使开发与实际利用结合起来，使开发的体育课程内容资源通过课程实施的各个环节进入体育课堂而发挥其作用与功能。

以前，课程资源的地位和作用没有得到足够的重视，教材以外的课程资源开发力度严重不足。如今，课程资源开发问题已经引起关注，但这又可能导致另一个极端，即肆意开发各种资源，而忽视实际的利用。因此，体育课程内容资源的开发也应该注意尽量避免只重开发不重利用的倾向，既要注意开发的数量，也要注意开发的质量；既要树立积极开发各种体育课程内容资源的意识，又要善于分析、识别、发现现有的体育课程内容资源，把闲置的体育课程内容资源及时进行加工、改造和转化，使之进入体育课程而加以充分利用。

（五）时代性原则

时代性原则具有两个方面的含义：一是指体育课程内容资源的开发要反映出现代社会发展的需求；二是指体育课程内容资源的开发要体现出鲜明时代特征。随着社会的不断发展和现代科学技术的日新月异，人们的生产方式和生活方式发生了巨大的变化。这种变化一方面使人们的生活更加舒适便利，但另一方面也对人们的健康带来了诸多不利影响，如人的生物性退化、人际关系淡化、社会应激水平增加等一系列问题。这种影响同样波及中小学生，例如，当前学生体质健康水平呈下降趋势，而心理疾病的发病率则呈直线上升趋势。因此，改善和提高青少年学生的健康水平，便成为当今社会发展的需要。体育课程内容资源开发也必须满足这一需求，具体而言就是要尽可能开发出锻炼价值高、实用性强、对改善学生心理素质及提高学生社会适应能力作用大的体育课程内容。

健康的生活方式是现代人追求的目标之一。娱乐、健身、休闲正在逐步成为人们余暇生活的主旋律，而各种娱乐、健身、休闲的手段在不断地被发明和创造出来，进而成为深受大众喜爱的新兴运动项目。体育课程内容资源的开发，亦应该体现出这种鲜明时代特征，要让那些有着浓郁生活气息和趣味性强的各种身体练习，通过加工成为体育课程内容的组成部分，以便为学生走出校门、步入社会生活奠定基础。

三、体育课程内容资源开发的目标

课程的价值在于促进学生的知识、能力、态度及情感的和谐发展。施良方认为，课程的变革，从某种意义上来说，不仅仅是变革教学内容和方法，也是变革人。创学是课程改革的出发点和归宿，因为教育的根本目的和功能是促进人的成长与发展，学校的一切工作，最终都是为了促进人的发展，为人的发展服务。从这一点来说，体育课程内容资源开发的总目标与体育课程的目标应该是一致的，即通过体育课程内容资源开发，培养学生的运动兴趣和运动能力，促进学生身体、心理健康水平和社会适应能力的发展。具体而言，体育课程内容资源开发要实现以下几个目标：

（一）满足学生体育需要，促进学生发展

体育课程内容资源开发的首要目标就是要满足学生的体育需要，促进学生的发展。就学生个体而言，不同年龄、性别以及不同地区的学生，由于各自的教育背景不同，其身心发展的水平如身高、体重、运动能力、对运动的兴趣、爱好、态度、社会交往能力

等是有很大差异的。例如有人曾对上海市学生的运动兴趣进行了调查，发现学生最感兴趣的运动项目前 3 项皆为球类——篮球、羽毛球、足球；又如姚蕾曾对体育隐蔽课程的设计等问题进行了研究，认为不同的学生对体育场地、器材设备的需要是不同的，而要想取得好的教学效果，必须事先布置和采用最适合学生需要的教具或器材等。

体育课程内容资源的开发必须以满足不同学生的体育需要为前提，否则便不能被学生接受。另外，学生在体育方面需要学习的东西很多，远非体育课程所能包揽，因而必须在可能的体育课程内容资源范围内，在考虑开发成本的前提下突出重点，精心选择那些对学生终身发展具有决定意义的体育课程内容资源，使之优先得到开发。

要通过体育课程内容资源的开发，使学生由被动地学走向主动参与、主动探索，从而真正学会学习。为学生提供丰富的、多姿多彩的体育课程内容资源，重在不断培养学生独立学习的意识、习惯和能力。体育教师要充分利用体育课程内容资源开发过程中的各种有利因素，提高学生探索问题、分析问题、解决问题以及合作学习等方面的能力，使他们能够创造性地利用各种体育课程内容资源，为自身的体育学习和实践及其他探索活动服务。

（二）提高体育教师开发体育课程内容资源的认识和能力

体育课程内容资源开发的另一个重要目标是树立体育教师新的体育课程内容资源观，并不断提高其开发体育课程内容资源的能力。体育教师对体育课程内容资源开发的认识和理解，直接关系他们开发体育课程内容资源的主动性和积极性，也在很大程度上影响着开发的质量和效果。因此必须通过体育课程内容资源的开发，使体育教师对体育课程内容资源的认识不断深化，逐步树立新的课程资源观。

体育教师开发体育课程内容资源的能力也是影响开发效果的关键因素之一。对绝大多数体育教师来说，怎样开发体育课程内容资源是一个全新的课题。通过体育课程内容资源开发，要促使体育教师不断学习现代教育思想和教育技术，学习体育课程内容资源开发的各种方法与技术，并学会从实践中总结各种经验教训，注重分享其他教师的各种经验和成果，使他们的专业水平在实践中不断提高。

（三）丰富体育课程内容体系

体育课程内容，从内涵来说应该是非常丰富的。但在以前相当长一段时间内，体育课程内容被限定在体育教学大纲和体育教材所规定的范围，其他内容如各种新兴运动项目、学生的经验等一般是不会成为体育课程内容的。新课程改革就是要改变这种局面。体育课程内容资源的开发，也要将丰富体育课程内容体系作为一项基本任务。

体育课程内容资源的丰富性和多样性特点，为我们的开发提供了前提条件。要努力通过体育学科专家、中小学体育教师、学生等多个主体以及国家、地方和学校多个层面全方位、多角度地进行体育课程内容资源的开发，使各种新颖有趣、适应性强的体育课程内容资源不断转化为体育课程内容，使体育课程内容的范围在原有的基础上不断拓展、不断丰富，逐步形成具有中国特色的体育课程内容体系，使拓宽后的体育课程内容能够为学生选择学习、发展个性提供更加广阔的空间，为实施素质教育、提高体育课程教学的质量和效果打下基础。

（四）形成学校体育课程特色，提高新体育课程标准的适切性

致力于形成各个学校的体育课程特色，以提高新体育课程标准对每个学校的适切程度，也是体育课程内容资源开发的重要目标。由于每所学校的性质、办学条件和教育理念、学生的发展基础等实际情况不同，其拥有的体育课程内容资源的数量、性质和具体结构等也是不同的。因此，不要一味追求体育课程内容资源的统一性，应保持不同地域间学校的体育课程内容资源的丰富多样性，把各个学校所拥有的不同体育课程内容资源，变成特色资源来开发。只有形成特色，才能使一个学校的体育课程内容资源开发具有旺盛的生命力。

四、体育课程内容资源开发的范围

（一）体育课程内容的知识资源

1. 知识的概念

自古以来，知识与教育就有着密切的内在联系。一方面，知识的传播、选择、分配以及发展等都离不开教育活动；另一方面，知识构成了教育的重要内容，离开了知识，教育的一切活动就无法正常开展。知识也是日常生活中人们谈论最多的话题之一，但人们对于什么是知识无法达成一致的看法。不同的学科对知识的理解和解释是不同的，从哲学的范畴来解释，知识是客观事物的属性与联系的反映，是客观世界在人脑中的主观印象。从社会学的范畴来看，知识是在人类文明进程中，一切创造工具和结果。心理学对知识给予了新的解释，如布鲁姆（B. S. Bloom）将知识定义为"对事物和普遍原理的回忆，

对方法和过程的回忆"等。上述知识观，侧重点不相同：前两种泛指人类的知识，最后一种则侧重于个体的知识。

完整的知识应当包括人类的知识和个体的知识，可以从广义和狭义的角度来理解：广义的知识是指人类认识客观世界及其自然实践经验的总结，它可以通过语言文字、各种媒体长期保存；而狭义的知识是指个体通过与客观外界环境相互作用所获得的各种信息及技能。笔者研究中所使用的主要是广义的知识概念，而对狭义的知识概念将作为个体的经验来进行讨论。

2. 知识的类型

从不同的角度，知识可以被划分为多种类型。如：按照学科领域，可以将知识划分为哲学知识、自然科学知识、社会科学知识和数学知识；按照知识的载体形式可以将知识划分为显性知识和隐性知识。经合组织（Organization for Economic Cooperation and Development）将知识分为四大类：知道是什么即知事（Know-What，又称事实知识）、知道为什么即知因（Know-Why，又称原理知识）、知道怎样做即知窍（Know-How，又称技能知识）和知道谁有知识即知人（Know-Who，又称人力知识）。其中前两类知识即事实知识和原理知识是可以表述出来的知识，也叫作显性知识，而后两类知识即技能知识和人力知识则难以用文字来明确表述，称为隐性知识；根据知识的作用和功能还可以将知识分为实用知识、学术知识、闲谈与消遣知识、精神知识；而现代认知心理学的理论则从学习的角度将知识分为陈述性知识、程序性知识和策略性知识。

对于进入学校课程的知识而言，如果按照知识的内在要素，可以将其分为认知性知识、道德性知识、审美性知识、健身性知识和劳动技术性知识。而根据人类认识的对象，又可以将知识分为自然知识、社会知识和人文知识等。这些内容主要包括各门科学的基本事实、基本概念、基本原理或基本理论等方面的书本知识，在中小学教育中，通过各门学科课程体现出来。笔者研究中的知识，是指与体育课程有关的体育、运动以及健康等方面的理论知识。

3. 知识资源的结构

体育课程内容的知识资源主要源于体育学科的知识体系，因此体育课程内容知识资源的结构与体育科学体系的结构有紧密联系。

关于体育科学体系结构，当前主要有五种不同观点：一是认为体育科学体系由体育社会科学学科、基础学科和运动学学科 3 大部分组成；二是认为体育科学体系可分为自然科学类、人文科学类、管理科学类；三是认为体育科学体系是研究人体运动规律的科学，它研究的是体育科学、工作、人及其关系，因此可以根据体育科学研究的对象来划分体育科学体系的结构；四是认为体育科学体系可以分为体育基础学科、体育技术学科和体育应用学科 3 大类；五是将上述方法结合起来进行分类等。尽管没有一致的观点，但比较明确的是，体育学科所覆盖的范围基本上包括了社会、自然、人文、管理以及体育运动的专项技术等方面的内容。从体育课程的特点来看，其内容所涉及的是体育、运动和健康等方面的知识，而这些知识中，不同侧面、不同程度地涉及体育与健康方面的科学、社会和人文等方面的知识。为了便于理论研究与实践运用，笔者认为可以将体育课程内容知识资源分为三大类：体育基本理论知识资源、运动项目知识资源和健康知识资源。

（二）体育课程内容的经验资源

1. 经验的概念

每个个体在成长的过程中，总是不断地接受外部环境的刺激，并体验外部事物，形成经验。经验是个体与外部世界交流的重要手段，不仅反映人们在某一时间、某一范围内的活动历程与内心体验，而且由于人类有思维，懂得利用事物之间的联系，经验往往又成为人们进一步采取行动的思想基础。因此，经验在人的成长过程中具有非常重要的作用和意义。

"经验"在中文里至少有三个方面的含义：第一，作为动词，是指经历，即亲身体验的过程；第二，作为名词，泛指由实践得来的知识或技能，这与广义的"知识"概念是相通的；第三，作为哲学名词，通常指感觉经验，即感性认识。

笔者所使用的经验包括了两个方面的含义：一是指学生个体通过与客观外界环境相互作用最终所获得的知识与技能；二是指学生个体通过体验、感受、获得、占有知识的过程。

2. 经验作为课程资源的意义

作为人类认识世界的重要形式，经验是知识的基础。教育是人类的一种特殊的认识活动，它必然与经验存在密切联系。早期的教育学家们非常重视经验在教育中的作用，如捷克教育家夸美纽斯就提倡观察自然、模仿自然，重视自然经验在教育中的作用。卢梭强调直接经验在获得真理过程中的基础地位。裴斯泰洛齐主张认识事物从直接经验开始，并且非常重视生活经验，提出生活即教养的主张等。

尽管如此，把经验作为课程的重要组成部分却经历了一个漫长的发展过程。近代学校课程是以知识为本体的，最典型的是英国教育家斯宾塞。在"什么知识最有价值"的呼唤下，他提出了"一致的回答是科学"的答案，为自然科学进入学校课堂提供了理论基础，并由此带来了近代教育的重大进步。但是，这种知识本位的课程观存在着一定缺陷，其强调课程的直接结果，关注的是学习者是否掌握了知识、掌握了多少知识、怎样使受教育者尽可能快、尽可能多地记住知识等，知识的质和量成为教师、学生乃至整个课程、全部教育所追求的目标。在这里，知识是课程的中心，成为课程的主宰；在这里，生活世界被忽略了，人类文化中的精髓和富有灵性的部分被理性的知识代替而难以在课程中表现出来；在这里，知识的完整统一性被破坏，情感体验、意志努力在知识学习过程中的重要作用被漠视，知识中本应该充满生机和活力的部分被一次次地从课程中剥离出来，致使课程变得冷漠和枯燥，缺乏人性。知识本位课程观的这些缺陷，逐渐被人们认识，并不断受到批评。美国教育家杜威通过长期的教育实验，全面而深入地对经验与教育、经验与课程等问题进行了研究，提出了"教育即经验的不断改造"的重要教育命题，并且由此带来了课程观——知识本位向经验本位的重大转变。经验本位的课程观明确了学习者与课程的关系，突出了学习者在课程中不可缺少的地位。也就是说，如果不能将学习内容转化为学习者的经验，如果不通过学习者积极主动地学习体验，学习就不可能是真正有意义的。将经验作为课程的本体，是课程观的一次重大飞跃，尽管其可能仍然不完善，但毕竟打破了知识中心一统天下的局面。同时，随着课程的进一步发展，知识本位与经验本位的课程观将逐渐由对立走向相融合。

把经验作为课程资源的积极意义在于：首先，拓宽了课程资源的内涵。课程资源不仅是知识的载体——教材，不仅是教学环境和设备，也不仅是课程专家和教师，而且它不是一般的课程资源，它内在地包含了学生个体的经验系统，更是基础性资源，其他的课程资源只有与学生的经验相结合，才能够真正发挥作用。其次，突出了学生作为学习者的主体地位。经验是一个主动的过程，不单是学习者被动地受着环境的影响和塑造，还是学习者对未知的积极探索和对环境的主动改造。每个人的认识能力及其特征都具有差异性，主动作用需要的不仅仅是记忆和理解，更需要学习者在主动学习的过程中去想象、尝试、反思甚至创造，这对学生的发展无疑具有非常积极的意义。最后，将学生的经验作为课程资源，还有利于增强课程内容与学生社会生活和现实生活经验的联系，使课程真正具有生活意义和价值。

3. 经验资源的结构

学生经验的获得，与其生活环境包括自然环境和社会环境是密不可分的。在社会环境中，家庭、社区和学校对学生经验的形成有着非常重要的影响。体育课程所涉及的学生经验资源大致包括了学生的家庭生活经验资源、社区生活经验资源和学校生活经验资源三个方面。

（1）家庭生活经验资源

家庭是社会的"细胞"，其对学生的成长起独特的作用。在家庭中，父母与子女关系构成了家庭教育的逻辑起点，家庭生活的点点滴滴，无时无刻地影响着学生的人生观和价值观以及各种经验的形成。家庭生活经验是学校生活的重要基础：一方面儿童在入学前所受到的家庭教育是进入学校是必需的，另一方面入学后的儿童仍然是家庭成员，还必须继续接受家庭教育，家庭生活的经验将持续不断地对学生的学校生活产生影响。

（2）社区生活经验资源

社区是指进行一定的社会活动，具有某种互动关系和共同文化维系力的人类群体及其活动区域。社区为人们提供了社会交往的组织空间和地理的活动空间，人们的日常生活，大都是在一定的社区范围内进行的，社区对人的思想观念、行为规范、生存和发展等方面有着重要的影响。社区同时也是学生生活的重要空间，他们在社区的活动是丰富多彩的，社区生活经验构成了其经验的重要组成部分，具有非常重要的开发价值。在社区中，他们不断经历着体能的增强、运动技能的提高和心理品质的磨炼。而且，各个社区所开展的娱乐、游戏和运动活动，有着各自的特色，这使得不同社区的学生在参与社区游戏、娱乐和运动活动过程中所积累的经验也各具特色。同时，在参与社区游戏、娱乐和运动活动中，学生与社区的其他成员之间是互动的，表现在：一方面，社区的其他成员在游戏、娱乐和运动活动中对学生起着指导作用；另一方面，学生在社区游戏、娱乐和运动活动中也起着骨干作用，有些学生甚至还充当了"小老师"的角色。这个互动的过程，对学生游戏、娱乐和运动经验的生成、积累无疑是非常有益的。

（3）学校生活经验资源

学校生活是人生必不可少的重要阶段，学校教育为个体的成长奠定了基础。学校环境和各项活动是按照教育活动的需要为实现育人目标而组织起来的，因此学校生活本身具有很强的教育意义。对于学生来说，学校生活的时间非常长，因此学校生活经验对他们的成长有着重要的意义。

五、体育课程内容资源开发的方法

在体育课程实践中，体育学科专家、体育教师和学生在进行体育课程内容开发中所采用的方法是多种多样的。访谈调查的结果表明，中小学体育教师在开发体育课程内容资源的实践中，常采用改造、整合、拓展等方法。在笔者的行动研究中也主要采用了改造和整合的方法来开发体育课程内容资源。

体育学科专家常用的开发方法有筛选、改造和整合等。综合问卷调查、访谈调查和行动研究的结果，笔者认为最主要的体育课程内容资源开发方法有五个，分别是筛选、改造、整合、拓展和总结。

（一）筛选

1. 筛选的定义

所谓筛选，就是按照一定的标准从大量的体育课程内容资源中，选择出合适的体育课程内容的方法。例如，体育学科专家从球类运动项目中选择篮球、乒乓球作为体育教材内容等。

2. 筛选的特点

（1）确定选择标准是运用筛选方法的关键

不同的开发主体，由于各自的经验背景、开发的层次、开发的目的及看问题的角度等方面的差异，其筛选课程内容资源的标准在具体操作上可能有所侧重：体育学科专家在运用筛选方法时可能更多地考虑一些宏观方面的标准，如国家的教育政策、学校体育的指导思想、体育课程标准的要求；体育教师在运用筛选方法时除了要考虑体育课程标准的要求外，会更多地考虑一些微观方面的标准，如学校的体育场地、器材方面的条件、学生的实际等；而学生在筛选课程内容资源时会更多地考虑体育教师的要求和自己的兴趣、爱好和特长。

（2）筛选可以在一定程度上解决体育课程实践中"教不完""教不会"的问题

"教不完"和"教不会"是体育课程实施过程中常见的问题，筛选通常是解决该问题的主要手段。筛选通常表现为两个层次：一是面对大量的体育课程内容资源，在体育教材中不可能全部反映出来，因此体育学科专家在编写体育教材时必须对各种体育课程内容资源进行筛选；二是体育教材中所呈现的内容，由于场地器材、教学时间等方面的原因，在任何一所学校都不可能全部教给学生。而且在实践中，体育教师还需要面临这样的难题，即选择多少体育课程内容才是合适的，因为体育课程教学的总时数是有限的，选择的内容数量越多，每个内容平均的学时数就会相对减少；反之亦然。所以上什么、不上什么，对体育教师而言同样也涉及如何筛选的问题。

（3）筛选的结果一般表现为数量上的变化，而非质量上的变化

运用筛选方法是为了从大量的体育课程内容资源中选出少量的体育课程内容，而每个所筛选出的体育课程内容在具体性质上基本上没有发生改变。例如，我们选择乒乓球为高中生体育课程内容，在具体的乒乓球技术、战术、比赛规则、场地器材等方面基本上与社会上所开展的乒乓球运动是一样的，没有什么差别。

筛选方法的优点是运用起来简单、便捷；缺点是灵活性和适应性较差，表现在体育学科专家和体育教师所选择的体育课程内容有时可能与学生的身心发展特点不相一致。如小学生学习篮球也用标准的场地和器材，就有可能造成他们学习上的困难。

3. 筛选的适用范围

就使用的对象来说，体育学科专家、体育教师和学生在体育课程内容资源开发中都可以运用这种方法。但相对来说，体育学科专家在编写体育教材时、体育教师在确定体育课程内容时运用这种方法比较普遍，而学生使用得比较少。由于筛选法的特点，其主要用于体育课程的知识资源和身体练习资源的开发。

4. 筛选的一般步骤

（1）开列内容清单

尽可能将所要开发的体育课程内容的相关资源列出来，以供选择。例如，野外运动项目的开发，首先要搞清楚野外运动项目总共有哪些，并将其罗列出来。

（2）确定选择标准

选择标准因开发主体不同、开发目的不同而在具体内容上会有所差异，但一般要考虑的因素有国家的教育和体育政策、学校体育的指导思想和目标、体育课程标准、学校的体育环境、师资、体育教材、学生的特点、具体的课堂教学目标等。

（3）按照选择标准筛选出合适的体育课程内容

值得注意的是，为了避免筛选法的缺陷，在实际的体育课程内容资源开发过程中，还要尽可能地将筛选法和其他方法结合起来运用。

（二）改造

1. 改造的定义

改造是指根据体育课程具体实施的不同对象和条件等特点对原有体育课程内容资源的某个构成要素进行加工、变化、修改的方法。改造是体育课程内容资源转化为体育课程内容的基本途径。特别是身体练习资源，其要成为体育课程内容，必须经过

教育学意义上的加工处理。例如，将排球作为小学体育课程内容时，可以考虑在器材、场地等方面对其进行改造，如采用软式排球，采用适合于小学生的球网高度等。

其实，很多专家、学者以及第一线的体育教师们很早就注意到对竞技运动项目进行加工改造，使之能够进入体育课堂、成为体育课程内容的问题，尽管他们在提法上有一些不同，如有的叫"竞技运动项目的教材化"，有的叫"竞技运动项目的软式化"，还有的叫体育教材的加工与改造等，但主要观点是基本一致的，即都认为竞技运动项目在本质上与体育课程内容或体育教材是不同的，必须经过改造才能成为体育教材或体育课程内容。

季浏将"运动项目改造"作为体育课程内容资源的开发的主要方法，这是一个新的视角。笔者所讨论的改造方法，也是从体育课程内容资源开发这个视角切入的，但是笔者所指的"改造"在内涵上已大大超过了上述专家和学者们所探讨的范围。

2. 改造的特点

（1）"变化"和创新是改造的核心

经过改造后的体育课程内容，虽然保留了原来的一些元素和特征，但是在性质上已经发生了变化，其已经"面貌一新"。因此，改造的过程实际上是一个对原有体育课程内容资源的创新和重构的过程。

（2）改造的具体方式是多种多样的

在运用改造法进行体育课程内容资源开发时，具体的方式有很多，每一种方式运用的条件和效果都有所不同。

（3）改造的具体内容具有多元性

改造既可以是功能性的，也可以是结构性的；既可以针对原有体育课程内容资源个别要素，也可以针对多个要素；既可以是整体、系统的改造，也可以是局部、部分的变化；既可以是民族、民间文化如民间歌舞或民族传统运动项目的推陈出新，也可以是国外新兴运动项目的本土化改造和引进；既可以是对单一动作结构和组合动作结构的身体练习的变形，也可以是对活动性游戏或运动项目的改造；等等。

改造是建立在个体经验的基础上的，因此改造方法的运用有一定的难度，改造方法对使用者的能力要求比较高，如果使用者不具备一定的改造体育课程内容资源的知识、方法、能力以及技巧，是很难对各种体育课程内容资源进行有效改造的。

3. 改造的适用范围

改造方法的主要使用对象是体育学科专家、体育教师以及具有一定改造体育课程内容资源能力的学生。从各个体育课程内容资源开发主体的不同特点来看，使用改造法最频繁的是体育教师，因为为了提高体育课程内容的适应性和可操作性，他们时刻要根据学校条件、自身特点、学生的兴趣、爱好及身心发展特点等对各种体育课程内容资源进行改造以适应具体的体育课堂情景。

改造方法主要用于身体练习资源的开发，尤其是活动游戏资源和运动项目资源的开发。改造方法也可用于学生经验资源以及体育课程内容其他资源的开发，如对民族、民间歌舞的改造等。

4. 改造的一般步骤

（1）分析学生的特点和学校的条件

如分析学生的年龄、性别、兴趣、爱好、生理发育特点、心理发育特点、生活经验基础、学校的场地、器材设备条件等，通过分析，以确定改造的具体内容和方式。

（2）分析体育课程内容资源的构成要素

体育课程内容资源是由一定的基本要素所构成，例如身体练习就是由练习方法要素、环境要素、人与人及人与环境关系要素、比赛规则要素等构成的，改造实际上就是对这些要素的不断变化、加工和修改。对某个具体的体育课程内容资源而言，从中提取一些要素、改变一些要素、增加一些要素、舍弃一些要素就可以形成一个新的体育课程内容。

（3）按照一定的目的和原则对体育课程内容资源的各构成要素进行改造

改造不是随意进行的，必须有明确的目的，必须遵循一定的原则。毛振明提出，在竞技运动项目教材化的过程中，应考虑从以下几个方向进行：一是向动作教育方向教材化；二是向游戏方向教材化；三是向理性方向教材化；四是向文化方向教材化；五是向生活、实用方向教材化；六是向简化方向教材化；七是向变形方向教材化；八是向运动处方方向教材化等。季浏等认为在竞技运动项目改造中要遵循主体性、主动性、实效性、可接受性、全面性、选择性、教育性、趣味性以及安全性等。笔者认为，在体育课程内容资源的改造过程中需要考虑四个基本原则，即趣味性与游戏性原则、教育性与文化性原则、适应性与可行性原则以及实用性原则。

（4）重构与修改

即对改造后的体育课程内容资源进行重新构建，运用于体育课程的课堂实施，以了解其效果和存在的主要问题，并进行适当修改，为下一轮实施提供参考。

（三）整合

1. 整合的定义

所谓整合，是指将各种体育课程内容资源的某些要素通过一定的方式有机地结合在一起，从而形成新的体育课程内容的方法。例如，把乒乓球运动和羽毛球运动整合在一起，利用木制乒乓球拍、羽毛球的球和球网以及乒乓球的基本比赛规则，就可以组合成一项新的运动项目——"搭搭球"。

2. 整合的特点

（1）整合的范围非常广泛

从理论上来说，整合的范围是没有边界的，其涉及所有体育课程内容资源，既有与体育课程联系非常紧密的知识、身体练习资源，也有与体育课程联系不太紧密的知识、技能或其他资源，如数学、语文、艺术等课程中的某些知识和技能等。

（2）整合的层次和方式多种多样

整合既可以是空间上的整合，也可以是功能上的整合，还可以是结构和要素上的整合。整合既可以发生在同一类型的体育课程内容资源之间，如知识资源与知识资源的整合，也可以发生在不同类型的体育课程内容资源之间，如知识资源与身体练习资源的整合；既可以发生在体育课程内部，也可以发生在体育课程与其他课程之间；还可以是跨领域、跨学科的，如体育与军事、体育与舞蹈、体育与医学等。整合的方式也是多样的，既可以是单一性的如两个身体练习之间的整合，也可以是综合性的如多个运动项目的整合等。

（3）整合的关键环节是提炼

整合的效果主要取决于对不同体育课程内容资源要素的提炼，也就是要尽可能把各要素的"精彩"之处结合在一起。

3. 整合的适用范围

就开发主体而言，使用整合方法的主要是体育学科专家和体育教师，学生在体育教师的指导下，也可以采用这种方法进行体育课程内容资源的开发。整合的方法可以用于各种体育课程内容资源的开发。

4. 整合的一般步骤

确定整合的主要目的采用整合的方法进行体育课程内容资源开发，一般有以下几种目的：一是为了发挥体育课程内容的多种教育功能，如"电脑键盘操（体操+计算机）""英语字母操（体操+英语）""体育+安全教育""体育+国防教育"等，使体育课程内容不仅具有健身娱乐的功能，还有开发智力、培养审美意识和能力等方面的作用；二是为了增加体育课程内容的趣味性，如上面的"羽毛球+乒乓球"的例子；三是为了提高体育课程内容的适应性，特别是对一些学生感觉到比较枯燥、难学的内容，可以通过整合使体育课程内容更加适合学生的特点，如"游戏+健康知识"的整合等。为了何种目的进行体育课程内容资源整合，必须明确。

（四）拓展

1. 拓展的定义

拓展是指对原有的体育课程内容资源在形式、具体内容及功能等方面进行扩展、补充，使体育课程内容在具体内容和形式上更加完整，在功能上更加全面的方法。如足球，除了体育教材上的内容外，还可以根据学生的特点，进行一定扩充，如增加有关足球运动的发展历史、足球动作的图片、足球赛的录像（或电影）、报纸、期刊、关于足球明星的报道等。

2. 拓展的特点

（1）拓展大都是围绕着一个具体的体育课程内容资源来进行的

由于拓展的主要目的是使原有的体育课程内容更加丰满、完整，因此拓展是围绕着某一个具体的体育知识或身体练习等来进行的。例如，投掷内容可以从单一的右上手投，延伸到左上手投，拓展到单手下投、飘投、抛投、双手向前、向后、向上抛投等。

拓展的方式主要有内容上的拓展、形式上的拓展和功能上的拓展三种。内容上的拓展主要是围绕某个知识资源或身体练习资源补充一些相关的材料，如"吸烟与健康"的课题，就可以补充诸如"吸烟与寿命""吸烟与疾病""吸烟与智力""吸烟与环境"等方面的材料。形式上的拓展是扩展课程内容呈现的形式，如对以文字形式呈现的体育课程内容，可以补充以电影、图画、照片、图表、光盘、模型等其他形式的内容。功能上的拓展主要是尽可能挖掘体育课程内容多方面的功能，例如攀爬练习，其主要功能是发展基本活动能力，为了实现不同的课程目标，可以将其功能向改善心理品质、提高社会适应能力等方面扩展等。

（2）活动是拓展的重要途径

特别是以学生为主体进行体育课程内容资源的拓展时，体育教师可以通过组织各种活动来进行，如对奥运知识的拓展，就可以通过组织奥运知识竞赛、象征性奥运火炬接力、奥运演讲比赛、奥运戏剧表演、奥运物品收藏展示等多种活动来进行。

（3）拓展方法总是与筛选和改造方法结合在一起运用

由于拓展后的内容非常丰富，有些可能并不适合学生或学校的特点，因此必须对这些内容进行相应的筛选和改造。

3. 拓展的适用范围

体育学科专家、体育教师、学生皆可以使用拓展方法进行课程内容资源开发。但这一方法通常在学校层面运用更为普遍，因此使用对象主要是体育教师和学生。

拓展方法主要用于知识资源和身体练习资源的开发，也可以用于学生经验资源的开发。

4. 拓展的一般步骤

分析体育课程内容资源的性质和特点，即分析各体育课程内容资源的内容结构、呈现方式、主要功能等方面的特点，以便为如何对该内容进行拓展提供依据。

第五节　课外和校外体育资源的开发与利用

我国地大物博，各地区的地理、气候、经济、文化等差异很大，各地区都拥有丰富和独特的校外体育课程资源，这些资源的合理开发，将为体育课程改革提供有利的条件。近年来，为了使体育课堂生动活泼，不少学校都开始在积极地尝试开发校外的体育资源。

一、课外体育资源的开发

这里所说的课外泛指上课前、课间和课外体育锻炼时间等。开展课前和课间体育锻炼活动，可以把课间操时间延长 20~30 分钟，开展大课间体育锻炼活动，改变课前和课间只做广播操的单一活动内容，增加防治脊柱侧弯操、眼保健操、跑步、球类活动、民间体育、游戏活动等内容。学校应抓好课外体育锻炼和校内体育比赛，应保证学生每天一小时的锻炼时间。锻炼内容由锻炼小组或班级确定，学生也可以自选锻炼内容。

（一）引导学生参与课外体育活动，丰富课余生活

随着社会经济和文化的发展，现在城市里一些学生的课余生活只剩下吃饭、睡觉，

或沉溺于网吧、电视、手机游戏，置身体健康而不顾，影响了健康，令家长十分担忧。由于课外体育活动在时间的安排和地点的选择上都具有较高的自由度，而且课外体育活动也不只局限于校内，在校外进行体育锻炼也是另一条途径，校内与校外锻炼相互结合，已成为课外体育发展的新方向。

1. 引导学生参与体育锻炼，营造校园体育文化

随着全国学生体育运动的广泛开展，让全体师生走向操场，走到太阳底下，积极参加体育锻炼。掀开了冬季象征性长跑活动，但这并不是取消学生的喜闻乐见的其他锻炼形式。国家要求学生每天锻炼一小时，如果只参加长跑活动，不再参加其他体育锻炼，学生每天一个小时体育锻炼时间就难以保证。在当今国家推行"阳光体育与祖国同行"的热潮中，学校课外体育活动的开展跟学校体育文化的氛围分不开。体育课在时间上和内容上都不允许也无法满足学生体育锻炼的要求，只有利用好课外体育活动，而课外体育锻炼的手段是以学生自主练习为主，教师可以通过课堂教学引导，让学生学会在课外时间进行体育锻炼。

为了丰富课余体育活动内涵，在校内还可以举行各种类型的体育知识讲座、体育演讲比赛、体育图片展览等活动。通过这些活动的展开，不仅可以活跃校园文化和营造体育文化氛围，还可以扩大学校体育活动资源、丰富学生的课余文化生活。

2. 发挥地域优势，让锻炼走出校园，延伸到野外

校外体育锻炼是指学生在学校以外参加的体育锻炼活动，充分利用自然力因素（阳光、空气、水），能有效促进青少年的正常发育，提高身体基本活动能力、运动能力和提高身体素质以及对客观环境的适应能力、取得动态平衡，有利于增进健康、增强体质。对于生长在农村的学生来说，对周围自然环境较为熟悉，如爬山游泳等都是其利用自然环境进行身体锻炼的好方法。体育教师可以根据当地的实际情况，有意识地指引学生学会在校外进行体育锻炼。

（二）开展多种形式的体育活动，丰富课外体育活动的内容

课外体育活动的组织形式灵活，内容方法是多样的，课外体育活动是不受大纲、教材限制，因而在学校开展课外体育活动具有鲜明的课余性、广泛的群众性。所以它的组织方法非常灵活，既可以班级形式进行，也可以小组或个人的形式进行，活动内容也丰富多彩。

1. 全校性的体育活动

在全校开展课外体育活动，是在学校统筹安排下，以年级或班级为单位进行的课外体育活动，具有一定的指令性，是课外体育活动的主体。全校性的体育活动有如广播操、眼保健操、游戏、体育舞蹈等项目，这些体育项目的实施开展一般都受到学校的重视、并制定相应的检查制度。

2. 班级体育活动

班级体育活动是将全班分为若干小组，在体育教师或班主任指导下，在班干部的带领下进行的体育运动，如开展集体舞、各种体育游戏（如一分钟跳绳比赛接力等），既可增强班的凝聚力，又可丰富班的文体活动。

3. 个人体育活动

个人体育活动可在校内也可在校外，学生根据自己的兴趣和实情，自行选择体育项目进行锻炼。体育教师在教学中要加以引导学生加强课外体育活动。

（三）筛选适宜的运动项目，发展传统项目

大部分学校人多、运动场地少，运动场根本满足不了学生的运动需求。选择一种切实可行的运动方式成了学生进行运动的一个难题。开展毽球运动切合我校目前实际情况，其设备简单，所需场地小，运动量大小可控，因人而异，所有学生都可以参与。

小学体育选项教学过程中，我们清楚地看到学生对现有的体育教学内容和运动竞赛有着明显的选择，如篮球、毽球等。而对乒乓球、武术等，参与甚少。

（四）开展课外运动竞赛，激发学生运动兴趣

课外运动竞赛是推动校内外群众性体育运动的广泛开展和增强学生体质的基本途径之一，也是普及和提高学校体育运动的重要措施。以竞赛的方式组织毽球赛、踢毽比赛和其他球类的技术比赛或小型多样的趣味比赛，在竞赛中培养和激励学生的学习积极性。各种比赛在教师的指导下，由学生共同组织参与、策划，充分锻炼学生参与活动的自主性和创新性，让他们体验参与成功的快感。

课外体育活动资源的开发利用，包括在课程内容的开发、自然地理环境的利用、体育设施的改造，以及人力资源和体育信息资源等方面的开发。这就需要体育教师有意识地"开发"出更实用的课外体育活动的资源，丰富校园体育文化活动，促进"阳光体育与祖国同行"的开展。

二、校外体育资源的开发与利用

（一）家庭体育活动

随着物质生活的不断提高，人们的生活质量也在不断改善，体育锻炼越来越受到人们的普遍重视。在经济发达地区或收入较高的家庭，人们已把体育作为一种生活方式和消费形式纳入正常的家庭生活。有的家庭体育锻炼习惯非常好，他们把体育活动作为家庭生活的一个重要组成部分，一家人在一起进行欢快和谐的体育运动，家长运用自己的经验和方法指导子女们进行身体锻炼，子女们也运用自己学到的体育知识、技能和技术和家长进行切磋交流，既锻炼了身体，又增进了交流，其乐融融。但是，由于经济发展的不平衡性和城乡生活方式的差异，并非所有的家庭都具有体育锻炼的条件和习惯。应运用学生的带动作用，发挥家长的督促作用，以此促进家庭体育活动的开展。

（二）社区体育活动和竞赛

近几年来，生活逐渐富裕的人们，对文体娱乐活动的需求不断增大，体育作为社区开展活动基本的形式之一，普遍受到人们的欢迎，活动形式丰富多彩，活动内容五花八门，民间的、民族的、传统的、现代的应有尽有，各种体育类活动和竞赛开展得有声有色。社区领导出谋划策，专业人员组织指导，民间艺人各显其能，男女老少积极参与。特别是每到假期，各地学生利用自己的特长，参与社区文体活动，为社区文体活动注入了朝气和活力，壮大了社区活动的力量。学生利用节假日积极参加社区的文体活动，不但丰富了自己的人生阅历，而且是进行社会实践的好机会。

（三）区县镇村的体育活动和竞赛

区县镇村等组织的体育活动和竞赛是活跃人们的文化生活、展示良好的精神风貌、增强凝聚力、培养集体主义荣誉感的具体体现，也是社会主义精神文明建设的具体体现。各级职能部门每年都安排一些群众性的体育活动和竞赛，对于各类体育活动和比赛，相关部门和单位大都非常重视，充分发挥体育的作用，调动人们参加体育锻炼的积极性。学校也应抓住这些机会，积极组队参加各类活动和比赛，让学生通过参加各种活动和比赛来锻炼自己，提高自己的水平。

（四）体育俱乐部活动

体育俱乐部是近年发展起来的体育活动模式，大中城市和经济发达地区的小城镇以及乡村等各种规模的体育俱乐部的诞生，为人们从事体育活动提供了非常好的条件。特别是"政府投资、立足学校、自主经营、服务校内外"的体育俱乐部，为学生参加体育活动创造了物质条件。除正常的教学活动外，学生根据自己的爱好和特长，以会员的形式参加俱乐部各单项体育组织，在专业人员的指导下，掌握体育技术，提高运动技能，为终身从事体育锻炼奠定良好的基础。

（五）节假日体育活动和竞赛

近年来，节假日不但加快了旅游业等行业的发展，也为开展体育活动和比赛提供了较为宽松的时间。学校应充分利用好各种节假日的时间，除了自己组织一些体育活动和比赛外，还应积极号召学生参加各级各类体育活动和比赛，为学生提供锻炼机会。

第五章 体育与文化

体育运动是人类创造的一种文化活动，是构成现代人生活方式的一种表现，体现着人类在推动社会发展过程中的文明进步程度，具备着文化的特征，是人类文化的一个组成部分。人们在关注体育生物属性的同时，要重视体育的文化属性。学习掌握体育文化的基本内涵、体育与文化的关系、中西方不同文化背景下的体育文化特征，以及奥林匹克运动的渊源及文化内涵，对于提高体育素养、提升人文精神、积累文化底蕴等起到积极的促进作用。

第一节 文化与体育文化

人类在长期的社会生活过程中，往往简单地把体育看作一项身体技能活动，往往忽视了从文化层面来透视体育的文化属性。然而，体育从产生之日起，就与文化有着千丝万缕的联系，随着人类文明的进步与发展，体育与文化便愈加紧密而不可分。体育运动能够深刻地影响人类的精神世界、审美意识、价值观念、创造能力以及生活方式等各个方面，是人类社会中的一种特殊文化现象，体现着人类在推动社会发展过程中的文明进步程度。

一、文化的含义及特征

在古汉语中，"文化"是"文"和"化"的复合词。"文"的本义指各色交错的纹理，后引申为包括语言文字在内的各种象征符号，进而具体化为文物典籍、礼乐制度，导出"修饰""修养""人为加工"等含义，以及美、善、德行之义。"化"的本意为发生、变化、造化。如《周易·贲卦·象传》中说：观乎天文，以察时变；观乎人文，以化为天下。"天文"指自然之文，"人文"指典籍礼俗。通过日月天象自然变化规律，凭借诗书礼乐教化世人治平天下。"文化"作为一个专有名词最早见于汉代刘向的《说苑·指武》：圣人之治天下也，先文德而后武力。凡武之兴，为不服也，文化不改，然后加诛。这显示出了文治教化的本意，基本上代表了中国古代关于文化的概念。而现代汉语中的"文化"是一个外来语，是 20 世纪初由欧洲经日本传入中国。

在西方，"文化"源于拉丁文 culture，早期指种植、耕耘、农作，通常用于耕耘土地和农业劳动。后来逐渐被赋予了教育、培养的意义，出现了"工艺的改进"和"精神耕耘"等提法，从此便有了耕耘土地和耕耘智慧的两种含义。文艺复兴以后，人们将农业、手工业、商业、教育等活动都归入了文化范畴，认为凡是与自然状态、天然状态相对立的都属于文化现象。19 世纪以来，文化作为人类生活独有的现象，受到普遍重视，社会学、历史学、教育学、人类学、心理学等学科都提出了各自的文化概念。英国文化人类学家泰勒将文化科学的概念首先引入了英语世界，之后，文化学研究迅速在欧美国家发展起来。泰勒提出：文化是一个复合的总体，它包括知识、信仰、艺术、道德、法律、风俗以及人类在社会里所得到的一切的能力和习惯。

事实上，随着历史的发展，"文化"在不同时期的含义也有所变化。因此，时至今日人们对于文化的概念仍众说纷纭，尚未达成共识。不仅如此，文化还一直是众多学科探究、争鸣的对象，许多学者从不同角度提出更多关于对文化的理解与认识。诸如：文化是人类在社会历史实践中所创造的物质财富和精神财富的总和；文化是社会和人在历史上一定的发展水平，它表现为人们进行生活和活动的种种类型与形式，以及人们所创造的物质与精神财富；文化是用来表明一定的历史时期、社会经济形态、具体社会氏族的物质与精神发展水平（如古代文化、社会主义文化、玛雅文化），以及专门的活动或生活领域（如劳动文化、艺术文化、生活文化）；文化不是可见的行为，而是人们用以解释经验和导致行为并为行为所反映的价值观和信仰；文化是人类为了生存要求和生活需要所产生的一切生活方式的综合；文化指社会的意识形态以及与之相适应的制度和组织机构；文化的结构有物质文化与精神文化两分说，有物质、制度、精神三层次说，物质、制度、风俗习惯、思想价值四层次说，有社会关系、精神、艺术、语言符号、风俗习惯多因素说等。

虽然，众多学者对于文化的解释和理解有许多不同之处，但是也可以概括出一些关于文化的基本特征：①文化具有历史承继性。文化是社会性传承的结果，其传承的基本方式是"耳濡目染"，通常表现为社会成员通过观察模仿或在其他成员指导下的后天习得。②文化具有社会群体性。任何文化都不能脱离社会而存在，并且文化为一定社会群体所共有。某一个体后天习得和创造的思想、观念等，只有在被他人接受后，才能称之为文化。当然，文化的社会群体性是有不同层次和范围的，有的文化因素属于全人类，有的仅属于某个民族或地区。属于全人类的文化因素具有人类性或世界性的特征，属于某个民族或地区的文化因素具有民族性和民俗性的特征。③复合性。文化的要素和成分尽管多种多样，然而文化不是简单、孤立的诸要素和成分杂乱无章的叠加。相反，各要素和成分之间是相互整合且统一的。文化就是诸多要素和成分在杂乱的纵横交错的关系中所产生的综合统一体，这种统一性常常通过共同的价值系统和行为模式表现出来。具体理解文化的广义含义，它除了以教育、科学、艺术等为重要组成部分之外，还包括体现在人们物质生活和人们社会关系中的饮食文化、服饰文化、居住文化、婚俗文化、信仰文化、游艺文化、体育文化等。因此，文化往往与众多领域复合，是复杂的整合体。④文化是普遍存在的具体性东西。文化是一种人类活动，是人类所取得的一切成果的结晶。有了人类就有了历史，有了历史就有了文化。每一个社会、国家、民族，人们都生活在一定的文化系统中。这种文化系统还具有一定的规则性，能依靠法律、制度、习俗、思维方式、价值系统等来引导或约束社会成员的个体行为，使他们的情感、思想与行为都纳入群体的价值目标和轨道。

二、体育与文化的关系

体育是以身体运动为基本手段促进身心发展的文化活动。体育在本质上属于文化的范畴，是文化的组成部分。同时，体育自身在创造一种健康文化，是人类对自身身体与精神有目的、有意识的培育活动，是一种对人类自身的"人化"过程。然而，在人类的文化发展史上，有相当长一段时间把体育排斥在文化之外，甚至还把体育与文化对立起来，认为体育没有文化价值。事实上，体育与文化的关系是极其密切的，这可以从以下几个方面得到印证：

首先，体育具有文化的功能。文化具有享受和发展功能、社会化功能、控制功能等。参与体育运动过程，可以使人们从中体验精神享受，体验奋斗和进取过程中的精神力量，感受因超越自我而拥有的进步与成功。体育运动可以把人类社会活动中的团结、合作、竞争、交流与交往等形式体现得淋漓尽致。体育运动还可以培养人们遵守规则与纪律的规范意识，提高体育道德水平。

其次，体育体现了文化的继承性与民族性。我国体育具有悠久历史，各种养生导引术、武术技击和民间游戏等经历了几千年的承袭和发展，成为当今世界体育文化中的瑰宝。以奥林匹克为代表的欧洲竞技体育，在古代延续了一千多年，因战争被迫中断后，现代奥运会又重新恢复一百余年。这也充分说明，凡是进步的文化，总会得到历史的承认并被人们继承与发展下去。同时，文化具有民族性，而体育运动的民族性也非常显著。如蒙古族的那达慕、侗族的抢花炮、傣族的泼水节、朝鲜族的荡秋千等。全世界民族展现出了丰富的民族体育形式。体育的民族性折射出了民族的语言、心理、性格，以及在此基础上形成的文化模式。

最后，体育显示了文化的时代性与世界性。文化具有时代性，能够反映出时代特点。体育的时代性特征十分鲜明，如早期的祭祀体育，战争时期的军国民体育，现代的休闲体育等。同样，文化也具有世界性：一方面文化财富为全人类所共有，另一方面文化可以交流和传播到世界各地。体育运动是最便于交流的"国际语言"，在世界范围内的交流极少障碍，具有极其便利的条件，这就是构成体育运动国际性的重要原因。

总之，体育是人类所创造的文化形式之一，是构成人们生活方式的一种表现形式。尽管体育具有自身变化规律和相对独立范畴，但仍然能够反映出人类文化的缩影。它的发生发展受到整个人类文化中各种因素的制约，诸如教育、军事、政治、经济、卫生、宗教、外交、法律、伦理、审美等方面都不同程度地影响着体育的发展。同样，体育运动不仅是人类机体得以充分发展的必要条件和促进心理健康的重要手段，而且是促进社会发展的积极因素。体育运动影响着人们的精神世界、价值观念、生活方式、审美意识和创造能力，在很大程度上与人类的产生、生存和发展有着无法割裂的关系，从某种程度上推进着人类社会的进步与发展。可见，体育与文化有着千丝万缕的联系，体育不仅是为了个体的强身健体，而且是社会及个体文化生活的需要。体育被看作一种文化活动，是因为人们通过体育运动而促进身心健康、丰富生活并从中体验人生。体育运动有助于人的幸福和完善时，便具有了文化的意义。在现代社会发展过程中，体育对于人的全面发展在人格与心理及观念、意识方面的作用更加突出，将体育视为一种社会文化现象，充分显示出了体育与人类生存和发展的密切关系。体育运动是人类创造出来的一种文化活动，体现着人类在推动社会发展过程中的文明进步程度，具备着文化的特征，是人类文化的一个组成部分。因此，我们不仅要关注体育的生物属性，同时要重视体育的文化属性。

三、体育文化的含义及形态

（一）体育文化的含义

目前人们对于体育文化的概念尚未取得统一性认识。但是，体育发展过程中所产生的观念形态和知识体系，所创造的手段、方法、技术、器械、设施，以及有关的组织、宣传机构等，已经在人类的社会生活中构成了一种独特的文化现象。人们的体育价值观念，运动技能，体育活动的组织管理方法，有关体育报刊、图书、音像制品的出版发行，广播电视中的体育节目，体育题材的文艺作品，体育奖品、宣传品、纪念品以及体育文物等影响人们精神生活的方方面面，都可视为体育文化的范畴。学者卢元镇提出：体育文化是人类体育运动的物质、制度、精神文化的总和，大体包括体育认识、体育情感、体育价值、体育理想、体育道德、体育制度和体育的物质条件等。

体育物质文化：①满足体育需要而开发的各种体育器材和场地设施。如北京奥运会的"鸟巢""水立方"等场馆，运动员采用的球拍、跑鞋、雪橇、泳衣等产品，无不凝聚着尖端的科技成分和深厚的人文元素。②促进人的身心发展而进行的体育活动方式。如田径、球类、体操、游泳、滑雪、击剑等等，已经成为满足人们健身、竞技、休闲和观赏需要的重要方式。相信随着人们需求的丰富和升华，新的活动方式将不断产生。③促进体育发展而创造的各种思想物化品。如体育音像制品、体育计算机系统仿真等等。

体育制度文化：①在体育运动中人的角色、地位以及各种体育活动的组织形式。根据项目需要以及个人特点，人们在体育运动中充当着各种不同的角色。如裁判、教练、队长、队员、主攻、二传、守门员、前锋等等。各种各样的角色在一定的组织形式制约下共同维持活动的进行。活动的组织形式包括淘汰制、循环制等赛制。②促进体育发展而形成的各种组织机构。人类的个体活动和集体活动都离不开组织机构的作用，体育活动中也同样需要各种组织机构。如1881年成立的世界上第一个国际单项体育组织——国际体操联合会；1894年成立的国际奥林匹克委员会。此外，有各洲体育组织、国家体育组织、省市体育组织、社区体育组织、学校体育组织等等。③围绕体育而创造的各种直接影响体育活动的原则、制度。在组织制度文化中，组织机构的原则和制度是至关重要的，它决定着组织的性质、活动方式和发展方向，如体育法、学校体育管理条例、体质健康标准、体育社团管理制度、体育竞赛管理制度等等。

体育精神文化：①改造人的精神的理论或观念。体育作为一项促进人的身心和谐发展的活动，需要在多个方面给予科学的支撑，体育学科就是在体育活动的理论需要背景下产生的。如体育心理学揭示体育运动过程中人们的各种心理现象及其规律，体育史学揭示人类体育产生发展的历史过程及规律，引导人们在现实的体育实践中趋利避害。这些学科的研究大多以书面文化的形式来体现，集中反映了该领域中用于指导人们体育活动的思想观念和理论体系。②表现体育精神的艺术文化。体育活动的激烈、直观、惊艳和宏大等特点使得它往往成为文艺表现的对象，如小说、影视、歌曲、漫画、图片等。这些蕴含着人们的情感、审美、意志等文艺作品，归属于体育精神文化的范畴。当人们关注体育艺术作品时，焦点一般集中在对它所表达的思想、精神或情感与审美等深层次的感悟上，而非物质外观本身。体育精神文化的这个层面属于艺术文化的一部分。③改造人的主观世界的各种想法和打算。文学和艺术直接指向人们的精神世界，它的实现方式往往贴近人们的悲、欢、喜、愁等心理体验，这些文化属于意识形态领域的文化。体育文化一度并非视作具有改善灵魂的作用，但实际上它改造人们的主观世界的可能性是非常大的。如体育道德、体育精神、体育人格、体育理想等心理文化范畴的内容，对于提高人们的情感、态度、价值观有着积极的意义，是体育精神文化的重要部分。

（二）体育文化的形态

1. 校园体育文化

校园体育文化是校园文化中与体育文化有直接或间接关系的部分，它的主要功能在于引导、培养和熏陶学生主动参与体育、理解体育、关注体育。它的形成依赖于学校体育的开展状况，学校体育场馆、设施的建设与配备情况，学校体育竞赛的组织管理情况以及参加的人数及其积极性等状况。校园体育文化是学生体育态度、体育情感、体育价值观以及体育行为方式等多因素组合的结果，是学生群体向心力与凝聚力的一种良好体现。

2. 竞技体育文化

竞技体育文化是以竞赛为特征来显示体力与智力、促进身心协调发展的一项文化活动，其主要特点是竞争性、规范性、公平性、集群性、公开性、观赏性。竞技体育的文化价值突出体现在：激励人们坚毅、顽强、振奋向上的进取精神；展示公平、公正、民主、团结、协作的道德观念与社会理想；满足人们精神生活的需求、感受生命的力量、获得美的享受；促进交流与交往、展示团队特色和实力；推动人文精神、科技进步、经济发展的提升。

3. 休闲体育文化

休闲体育文化是满足人们身心健康和娱乐需要的文化活动。休闲是一种生活理想，是为了修身养性、愉悦身心、完善自我而自主选择的生活方式，是当今人类文化活动的重要组成部分，也是社会进步的一个标志。休闲体育既不追求高水平的竞赛成绩，也不受限于体育教学的种种规定，甚至不把健体强身放在首位，而是把体育运动作为一种有意义的活动形式，使自己从中得到休息、放松、陶冶和娱乐。如各类活动性游戏、借助运动项目的娱乐活动、游艺活动、徒步旅行、爬山、钓鱼、放风筝、轮滑、台球、保龄球等等。

民族传统体育是某个民族在劳动实践中所创造的，符合本民族身体活动方式的娱乐活动。民族传统体育文化是以民族传统体育为载体，体现各民族教育智慧和体育开展与活动能力的总和。它是各民族在长期的历史发展过程中，在各自特殊的自然、地理、经济、文化条件下所产生和形成的，具有历史性、传统性和民族性等特征，在起源方式、活动方法、表现形式、情感取向和审美观念等文化内涵方面具有浓郁的民族文化色彩。

第二节 奥林匹克文化

奥林匹克运动不仅是当今世界规模最大、影响最广、层次最高的国际体育竞技活动，而且也是当今世界规模宏大的国际社会文化活动。奥林匹克文化是体育运动与文化和教育相融合的产物，是奥林匹克运动的灵魂和支柱，它所蕴含的丰富内涵和重要价值，是人类宝贵的精神财富。

一、奥林匹克运动的起源与复兴

（一）古代奥林匹克运动

起源的传说："珀罗普斯娶亲说"是在古希腊传播最广、作品中也一再提到的神话之一。相传珀罗普斯看上了厄利斯国王俄诺玛斯的一个貌若天仙的女儿希波达弥亚，然而，要娶希波达弥亚为妻却不那么容易。因为俄诺玛斯曾经得到一个神谕：如果他的女儿找到一个如意郎君，并同他结婚，那么国王自己就会死去。因此，国王尽力阻止前来求婚的人，把所有求婚者都视为自己的死敌。然而，女儿总是要出嫁的，不可能总是把她关在皇宫里。于是，国王向全国发出布告：凡是愿意和希波达弥亚结婚的人，都必须先和他进行一场马车比赛，如果他获胜，求婚者要被处死。比赛的起点是庇塞，终点是科任托斯海峡附近的波塞冬神庙。国王还允许求婚者乘着四匹马拉的战车先出发，自己先向宙斯献祭，等仪式完毕后，他再投入比赛。如果他追上先前出发的求婚者，就有权用长矛刺穿对方的胸脯。那些爱慕希波达弥亚的年轻人听到这些条件，都充满了信心，于是，年轻而英俊的小伙子们一个接一个来到厄利斯，向国王的女儿求婚。国王很有礼貌地逐个接待这些年轻人，给他们四匹漂亮健壮的战马，而他自己从容不迫，宰杀羔羊，献祭给宙斯，然后才乘上他的那辆由两匹母马拉的轻型战马车，追赶上去。但谁也想不到，这两匹马拉的战车奔跑得比风还快，每一次都是离目的地还有很远，国王就追上求婚者，并用长矛刺杀了他们。就这样，一连13个高贵而勇敢的年轻人都死在了国王的长矛下。珀罗普斯在路上听到了在厄利斯所发生的事情，不过，他并没有被吓退。这天晚上，他来到海岸边，呼唤他的保护神波塞冬，希望得到海神的帮助。结果一架战车如箭一样从深海中升起，战车由四匹带翅膀的马拉着，于是，珀罗普斯驾着这辆马车，风驰电掣般来到厄利斯。国王看到珀罗普斯驾着海神波塞冬的神车，先是一阵惊慌，但是，立刻镇静下来。他仍然按照以往的规定和这个年轻人进行比赛。当珀罗普斯快要接近终点的时候，国王的马车还是追上了他，并挥舞着手中的长矛，准备给珀罗普斯以致命的一击。但是，珀罗普斯的保护神波塞冬始终在暗中关注着这次比赛，他在国王即将追上珀罗普斯时，弄断了国王的车轴，结果一个车轮突然掉了下来，马车摔得粉碎，国王也坠地而死。此时，珀罗普斯到达了终点，他回头也同时看到国王的宫殿被一道闪电击中，燃起了大火。他急忙驾车直奔宫殿，穿过滚滚的浓烟和烈火，把希波弥亚公主救了出来。厄利斯的人民看到了珀罗普斯的胜利，便尊他为国王。几天后，在厄利斯城举行了盛大的庆典活动，其中包括许多体育竞技项目。珀罗普斯成了古希腊运动会神话中的创始人。从此以后，人们把希腊南部的半岛以他的名字命名为珀罗珀涅斯（伯罗奔尼撒）。在奥林匹亚圣地还有珀罗普斯的坟墓，据说希波达弥亚还是后来古希腊女子体育竞技会（赫拉竞技会）的创始人。

"避免瘟疫传说"也是古代奥运会起源传说之一。公元前884年，伊利斯发生了一场灾难性的瘟疫，居民一个接一个地死去。往日繁华、欢乐的奥林匹亚，出现了悲惨景象。恰在这时，早已觊觎奥林匹亚的斯巴达国王，乘人之危侵入伊利斯城邦。伊斐图斯严厉地警告斯巴达国王说："我什么都可以给你，唯独圣山区——奥林匹亚不能给你！假如胆敢侵犯圣山，我们就要和你决一死战。"斯巴达国王不听警告，以为可以攻下他们垂涎已久的奥林匹亚，悍然发动了侵略战争。可是没想到遭到了宁死不屈的伊利斯人的顽强抵抗，斯巴达人久攻不克。在希腊其他城邦调解下，不得不放弃了原先的打算。最后，斯巴达国王力古尔格和伊利斯国王伊斐图斯订立了《神圣条约》，条约规定奥林匹亚为定期举行庆典之地，是神圣不可侵犯的和平圣地，庆典期间，任何人都不得携带武器进入奥林匹亚。《神圣条约》贯彻伊始，便被认为是古代奥运会开端之时，伊斐图斯便成了传说中的古代奥运会创始人。

历史背景：在希腊人的心目中，最美的生活就是与神的生活最接近的生活，那就是宗教祭祀节日中的活动。每当农业丰收或橄榄、葡萄熟了的时候，人们就欢聚在一起并进行祭神庆典活动。当初，这种祭神活动仅是一项隆重的礼节，用简单的舞蹈动作来表示对神的崇敬和感激。后来这种祭神活动便成为一种盛大的节日，凡遇季节变化、重要农事、军事活动、生死婚嫁等，人们都要停止劳动，举行集会。随着这种仪式的发展，便产生了祭神歌舞、体育竞技和戏剧表演等隆重的祭奠盛会。

在古希腊，特别是繁荣的伯里克利斯时代，每年在雅典举行的各类节日庆典活动多达 60 余次。在这些庆典活动中，内容有隆重的祭祀仪式、史诗的朗诵弹唱、歌舞音乐以及伴有戏剧和竞技项目的表演等。这些活动常常带有竞技的特色，日益为人们所喜爱，因而逐渐形成了许多地方性的竞技赛会。据史料记载雅典自庇西特拉图时代（公元前 6 世纪中叶）起，祭祀性的体育竞技会就已经具有全体民众的性质。当时组织者把大批装满橄榄油的陶瓷当作节日庆典赛会的奖品，分发给参赛的优胜者。在古希腊人看来，奥林匹斯山上的诸神与希腊人的战争胜败、祸福、生死息息相关，他们希望在战争中得到诸神的全力帮助。而体育运动竞技中的胜利，正好是战争中实力较量的良好预兆。因此，要获取竞技赛会上的胜利，正是古希腊人要获取战争胜利的心情的另一种表达方式。要保证能得到战争的胜利，就必须以对神灵的崇敬与祭祀来取得诸神的全力支持。这样，祭祀竞技活动便在古希腊的国土上得到了广泛的开展。

奥林匹亚竞技会：根据流传下来的有关文字记载，于公元前 776 年在希腊奥林匹亚地区举行的竞技赛会，即奥林匹亚竞技会，也就是现在所说的古代奥运会，是古希腊祭祀体育开始的年份，直至公元前 6 世纪，希腊祭祀体育的普及程度达到了顶点。从公元前 776 年开始，每四年在奥林匹亚村举行一次这种大型的竞技活动，届时奖给每个优胜者一顶神圣的橄榄枝花冠和一条棕榈枝枝。据记载，在赛会的前一天先要向宙斯举行隆重的祭祀典礼，然后才在宙斯神殿前的草地上举行比赛。最初只有赛跑一个项目，以后陆续增加了摔跤、五项竞技、拳击、赛马、赛车、掷铁饼、掷标枪、跳远等，兴盛时期有 24 项。比赛地点也由宙斯神殿前移到了阿尔提斯神域外东北方向的专门体育竞技场，观众则站立在四周的坡形看台上。赛会期间，来自各个城邦的艺术家们展示自己的作品，诗人吟诵诗歌，哲学家、历史学家发表演说。而商人则借此谈买卖、定契约，使竞技赛会成为了全希腊思想、文化、经济交流的大集会。古代奥运会将体育竞技与文化艺术紧密结合，也是促成其长盛不衰的一个重要原因。

（二）现代奥林匹克运动的复兴

19世纪后半叶，随着自由资本主义向垄断资本主义的过渡和世界市场的形成，民族间的壁垒被打破，体育也超越了国界，出现了国际的体育交流和比赛，形成了体育国际化趋势，一些国际的单项体育组织相继诞生。如1881年第一个国际单项体育组织——国际体操联合会成立，1892年国际赛艇联合会和滑冰联盟也相继成立。在国际单项体育竞赛蓬勃开展的基础上，人们又迫切要求组织世界上规模最大的综合性运动会，同时要成立一个能够协调各单项体育活动的大型国际体育组织。

自19世纪初期开始，欧美一些国家相继对复兴奥运会进行了各种努力与尝试。在众多复兴现代奥运会的活动中，法国教育家顾拜旦是公认的奥林匹克运动的创始人，他为现代奥林匹克运动的产生做出了卓越贡献。1863年，顾拜旦出生在法国巴黎一个古老的贵族家庭。中学时代对古希腊历史产生了浓厚的兴趣，在英国留学期间，对英国学校的体育课、课外体育活动和郊游十分赞赏。在古希腊文化的熏陶和当时先进的英国资产阶级教育的影响下，他逐渐萌发了改革法国教育制度和倡导体育的思想。

1888年，顾拜旦就任法国"学校教育、体育训练筹备委员会"秘书长。1889年他代表法国参加了在美国波士顿举行的"国际体育训练大会"，进一步了解世界体育的动态。他认为：近代体育的发展正在走向国际化，应该借助古希腊体育的经验和传统影响，来推进国际体育，于是，产生了复兴奥林匹克运动会的想法。为了使这一想法得到实现，他做了大量的准备工作。

1892年，顾拜旦遍访欧洲，宣传奥林匹克理想，同年11月25日在庆祝法国"体育运动协会联合会"成立三周年大会上，他发表了著名的演说，第一次公开和正式地提出了创办现代奥林匹克运动会的倡议。在演说中，顾拜旦阐明：现代奥林匹克运动会应该像古代奥林匹克运动会那样，以团结、和平和友谊为宗旨，但应该比古代奥林匹克会有所发展和有所创新，它应该向一切国家、一切地区和一切民族开放，并在世界各地轮流举办。顾拜旦的倡议使现代奥林匹克会运动会从一开始就冲破了民族和国家的界限，具有突出的国际性。

1894年6月16日—24日"国际体育运动代表大会"在巴黎索邦神学院举行，到会的正式代表79人，他们是来自美国、英国、沙皇俄国、瑞士、西班牙、意大利、比利时、荷兰和希腊等12个国家的49个体育组织的代表。会议期间，又先后有21个国家致函，向大会表示了支持和祝贺。顾拜旦精心设计和主持，唤起了与会者对古代奥运会的神往，与会代表一致同意他的主张，决定复兴奥林匹克运动会，并通过了《复兴奥运会》的决议。6月23日，大会通过了成立国际奥委会的决议，顾拜旦从79名正式代表中挑选出15人担任第1届国际奥林匹克委员会委员。大会商定通过于1896年在雅典举办第1届现代奥运会，并规定每4年举行一次奥运会，还规定了奥运会的比赛项目为田径、水上运动、游泳、划船、帆船、击剑、摔跤、拳击、马术、射击、体操、球类运动等。会上还确定了第2届奥运会定于1900年在巴黎举行等事宜。首届奥运会将于1896年在希腊首都雅典举行，因此，希腊委员维凯拉斯当选国际奥委会第1任主席，顾拜旦为秘书长。顾拜旦亲自起草了国际奥委会的第一部宪章，这个宪章体现了古代奥林匹克运动的传统精神和现代奥林匹克的创新精神，提高了体育在教育事业和现代文明社会中的崇高地位。

二、奥林匹克标志

（一）奥林匹克五环标志

在1914年庆祝国际奥委会成立20周年纪念大会上，顾拜旦向大家展示了他自己设计的五环标志和一面印着五环标志的旗帜，并建议将五环作为奥林匹克运动的标志。顾拜旦解释了他对奥林匹克标志的设计思想：五环——蓝、黄、绿、红和黑环，象征世界上承认奥林匹克运动，并准备参加奥林匹克竞赛的五大洲，第六种颜色白色——旗帜的底色，意指所有国家都毫无例外地能在自己的旗帜下参加比赛。所以，作为奥运会的象征，相互环扣在一起的五个圆环，就体现出了顾拜旦提出的可以吸收殖民地民族参加奥运会，为各民族间的和平事业服务的思想。在这届会议上，五环被确定为奥运的标志。

自1920年第7届安特卫普奥运会开始，五环的蓝、黄、黑、绿和红色开始成为五大洲的象征，分别代表欧洲、亚洲、非洲、澳洲和美洲。随着时间的推移和奥林匹克运动的发展变化，对奥林匹克标志的阐释也出现了变化。根据1991年最新版的《奥林匹克宪章》"奥林匹克标志"词条的附则补充解释，奥林匹克旗和五环的含义不仅象征五大洲的团结，而且强调所有参赛运动员应该以公正、坦诚的运动员精神在比赛场上相见。

《奥林匹克宪章》规定，奥林匹克标志是奥林匹克运动的象征，是国际奥委会的专用标志，未经国际奥委会许可，任何团体或个人不得将其用于广告或其他商业性活动。国际奥委会还要求各国采取必要的措施，保护奥林匹克标志，以确保奥林匹克运动的权威性，避免奥林匹克标志被滥用。

（二）奥林匹克旗

奥林匹克旗以象征着纯洁的白色为底，长三米，宽两米，中间是五色的奥林匹克五环标志图案。奥林匹克旗是根据顾拜旦建议制作的，并于1914年为纪念现代奥林匹克运动诞生20周年，在巴黎举行的第6届奥林匹克代表大会上首次使用。1920年比利时国家奥委会向国际奥委会赠送了一面同样的旗，这面旗就成为国际奥委会的正式会旗，并在1920年第7届安特卫普夏季奥运会开幕式上升起。此后历届奥运会都举行会旗交接仪式，但使用的是一件代用品，其图案与原会旗一样，只是规格要大一些。冬季奥运会旗是1952年由挪威奥斯陆市赠送的，交接和使用方法与夏奥会相同。

（三）奥林匹克格言

在2021年3月，通过线上方式召开的国际奥委会第137次全会见证了一刻具有历史意义的决策。在成功连任国际奥委会主席的巴赫提出的建议下，为了更好地迎接后疫情时代的挑战，奥林匹克格言"更快、更高、更强"被赋予了新的力量——加入了"Together"（译为"更团结"），使其演变为"更快、更高、更强——更团结"的全新表述。这一改变经过全会表决通过，国际奥委会主席托马斯·巴赫在会后表示："我们必须确保奥运格言与时俱进。通过将'更团结'融入其中，我们向世界发出了一个强烈的信号，即在这个不断变化的时代，团结比以往任何时候都更加重要，这标志着我们发展道路上的一个重要里程碑。"巴赫强调，"与其让每个国家孤立无援地努力，不如各国共同携手，通过协作实现更大的成就。"这一创新性的举措反映了国际奥委会对于奥林匹克运动未来方向的深思熟虑，强调了在全球化的今天，团结合作的重要性不仅是体育领域，也是全人类共同进步的基石。通过这一改变，奥林匹克精神得到了进一步的丰富和发展，预示着奥林匹克运动将以更加开放和包容的姿态，引领世界向着更加和谐、更加紧密的未来迈进。

（四）奥林匹克会歌

奥林匹克会歌早在1896年第1届奥运会开幕以后就诞生了，这首歌由希腊著名音乐家斯皮罗斯·萨马拉斯作曲，抒情诗人科斯蒂·帕拉马斯作词，并且由斯皮罗斯·萨马拉斯指挥几百个人第一次演唱了它。不过，在第1届奥运会上并没有把这首名为《奥林匹克颂》的歌曲确定为奥运会会歌。直到1958年，国际奥委会才把《奥林匹克颂》确定为奥林匹克会歌。从那以后，在每届奥运会的开幕式和闭幕式上，都能听到那首悠扬的古希腊歌曲。

除了奥林匹克会歌之外，每届奥运会上东道主国家还会创作一些奥运会的主题歌。比如 1984 年洛杉矶奥运会上演唱的《欢乐通宵》，1988 年汉城奥运会上演唱的《手拉手》，1996 年亚特兰大奥运会上演唱的《登峰造极》，还有 2000 年悉尼奥运会上演唱的《圣火》以及 2004 年雅典奥运会上演唱的《薪火相传》，这些歌曲给人们留下了深刻的印象。

（五）奥林匹克会徽

每届奥运会都有不同的会徽，但所有会徽都要有五环图案，然后衬之以反映东道主特点或民族风俗的图案。奥运会会徽又称奥运会会标，现代奥运会（包括冬季奥运会）的每一届组委会都会为所举办的奥运会设计一种独特的会徽。奥运会会徽是奥运会最有权威性的形象标志。根据《奥林匹克宪章》规定，各主办国设计的会徽，未经奥运会组委会同意，不得用于广告和商业服务。这一规定保证了奥运会会徽的严肃性和权威性。

2008 年北京奥运会的会徽是"中国印·舞动的北京"。会徽设计将中国特色、北京特点和奥林匹克运动元素巧妙结合，以印章作为主体表现形式，将中国传统的印章和书法等艺术形式与运动特征结合起来，经过艺术手法夸张变形，巧妙地幻化成一个向前奔跑、舞动着迎接胜利的运动人形。人的造型同时形似现代"京"字的神韵，蕴含着浓重的中国韵味。该作品传达了四方面含义：①中国文化。以中国传统文化符号——"印章"作为标志主体图案的表现形式，印章早在四五千年前就已在中国出现，是渊源深远的中国传统文化艺术形式，并且至今仍是一种广泛使用的社会诚信表现形式，寓意北京将实现"举办历史上最出色的一届奥运会"的庄严承诺。②红色。选用中国传统喜庆颜色——红色作为主体图案基准颜色。红色历来被认为是中国的代表性颜色，还是国旗的颜色，因此，具有代表国家、代表喜庆、代表传统文化的特点。③北京欢迎您。作品形象地表达出北京张开双臂欢迎世界各地人民的姿态，传递出奥林匹克的理念和精神。④冲刺极限，创造辉煌。现代奥林匹克运动一直强调以运动员为核心，会徽"中国印·舞动的北京"正体现了这一原则。印章中的运动人形刚柔并济、形象友善，在蕴含中国文化的同时，也充满了动感。

会徽作品"中国印·舞动的北京"的字体采用了中国毛笔字汉代竹简的风格，将汉简中的笔画和韵味有机地融入"BEIJING 2008"中，自然、简洁、流畅，与会徽图形和奥运五环浑然一体。

（六）奥林匹克吉祥物

冬季奥运会的吉祥物设计，始于1968年第10届格勒诺布尔冬奥会。是一个半人半物的卡通型小雪人，称为雪士。

夏季奥运会的吉祥物设计，始于1972年的慕尼黑奥运会，是一个装饰性德国纯种小猎狗，称为瓦尔迪。1976年蒙特利尔奥运会是一个海狸形象，称为亚米克。1980年莫斯科奥运会是一个熊的形象，称为米莎。1984年洛杉矶奥运会是一个鹰的形象，称为山姆。1988年汉城奥运会是一个虎的形象，称为虎多里。1992年巴塞罗那奥运会是一个抽象卡通牧羊狗形象，称为科比。1996年亚特兰大奥运会是电脑设计的一个"怪物"，最初名字叫"它是什么"，后来组委会采用了32位儿童的建议，定名为伊奇。2000年悉尼奥运会是三种动物形象，即鸭嘴兽、针鼹猬、笑翠鸟，分别取名为悉德、米莉、澳利。2004年雅典奥运会是两个玩偶娃娃：雅典娜和费沃斯。

2008年北京奥运会，是五个福娃："贝贝""晶晶""欢欢""迎迎"和"妮妮"，把五个福娃的名字连在一起就是"北京欢迎你"。他们的造型分别融入了鱼、大熊猫、奥林匹克圣火、藏羚羊和燕子的形象。

贝贝传递的祝福是繁荣。在中国传统文化艺术中，"鱼"和"水"的图案是繁荣与收获的象征，人们用"鲤鱼跳龙门"寓意事业有成和梦想的实现，"鱼"还有吉庆有余、年年有余的蕴涵。贝贝的头部纹饰使用了中国新石器时代的鱼纹图案。贝贝温柔纯洁，是水上运动的高手，和奥林匹克五环中的蓝环相互辉映。

晶晶是一只憨态可掬的大熊猫，无论走到哪里都会带给人们欢乐。作为中国国宝，大熊猫深得世界人民的喜爱。晶晶来自广袤的森林，象征着人与自然的和谐共存。他的头部纹饰源自宋瓷上的莲花瓣造型。晶晶憨厚乐观、充满力量，代表奥林匹克五环中黑色的一环。

欢欢是福娃中的大哥。他是一个火娃，象征奥林匹克圣火。欢欢是运动激情的化身，他将激情散播世界，传递奥林匹克精神。他所到之处，洋溢着北京2008对世界的热情。欢欢的头部纹饰源自敦煌壁画中火焰的纹样。他性格外向奔放，熟悉各项球类运动，代表奥林匹克五环中红色的一环。

迎迎是一只机敏灵活、驰骋如飞的藏羚羊，他来自中国辽阔的西部大地，将健康的美好祝福传向世界。迎迎是青藏高原特有的保护动物——藏羚羊，是绿色奥运的展现。迎迎的头部纹饰融入了青藏高原和新疆等西部地区的装饰风格。他身手敏捷，是田径好手，代表奥林匹克五环中黄色的一环。

妮妮来自天空，是一只展翅飞翔的燕子，其造型创意来自北京传统的沙燕风筝。"燕"还代表燕京（北京的古代称谓）。妮妮把春天和喜悦带给人们，飞过之处播撒"祝您好运"的美好祝福。天真无邪、欢快矫捷的妮妮在体操比赛中闪亮登场，她代表奥林匹克五环中绿色的一环。

（七）奥林匹克口号

奥林匹克口号是奥运会理念的高度概括和集中体现，往往具有很强的亲和力和震撼力，很容易被不同背景的人们所接受、记忆和传诵。自从 1896 年雅典奥运会上提出了"更快、更高、更强"的响亮口号之后，奥运会上的口号就成了奥林匹克的重要组成部分。

1968 年墨西哥奥运会提出："全世界青年们相互了解、增进团结"。1972 年慕尼黑奥运会提出："光明、清新、慷慨"。1984 年洛杉矶奥运会提出："加入我们"。1988 年汉城奥运会提出："人类和谐"。1992 年巴塞罗那奥运会提出："永远的朋友"。1996 年亚特兰大奥运会提出："和谐、光辉、优雅"。2000 年悉尼奥运会提出："分享奥林匹克精神"。2002 年盐湖城冬季奥运会提出："点燃心中圣火"。2004 年雅典奥运会提出："欢迎回家"。2008 年北京奥运会提出："同一个世界，同一个梦想"。

三、奥林匹克文化的特征与内涵

（一）奥林匹克文化的特征

1. 象征性

奥林匹克运动所主张的和谐发展的生活哲学，所倡导的团结、友谊、进步的精神，所规定的公正、平等竞争原则，所形成的各项仪式规范等等，都物化成了一系列独特而鲜明的艺术形式，如奥林匹克旗、吉祥物、会徽等。这些物化的艺术形式充分表达了奥林匹克丰富文化内涵，成为人类文明的标志。

2. 多元性

现代奥林匹克运动倡导平等、尊重、公平竞争，反对一切形式的歧视，强调"参加比取胜更重要"的普遍性原则。奥林匹克运动的普遍性带来了文化上的多元性，正如前国际奥委会副主席何振梁先生所说：从一百多年奥林匹克运动的历史看，它之所以成功，原因之一是它对多种文化的兼容和尊重。这个明智的政策不仅确定了奥林匹克运动的多文化性，也使它更具吸引力和凝聚力。可以毫不夸张地说，多文化性正是奥林匹克运动的财富和力量所在。

3. 观赏性

奥林匹克运动会是人体展示的最高形式，运动员精湛的技术、拼搏进取的精神，最大限度地挖掘自身的潜力，向生命的极限发出挑战，创造出一种在努力奋进中求得欢乐幸福的形象。奥林匹克运动所营造的情感气氛、审美意境及其所构成的多姿多彩的文化景观，具有极大的观赏性，各类文化艺术形式吸引着数十亿观众。这种观赏性提高了人的美感修养、美化了社会生活。

4. 人文性

古代奥运会已成为希腊民族文化的一部分，现代奥林匹克运动则是人文思想发展的产物，强调以人为本、人的和谐发展。长期的奥林匹克运动实践积淀了丰厚的人文精神，体现了人们对真、善、美的追求。奥林匹克文化已经形成一门科学体系，也是人文科学的一部分，它所蕴含的人文性，具有良好的教育价值。

（二）奥林匹克文化的内涵

（1）追求和谐发展

奥林匹克运动强调体育为人的和谐发展服务，以促进建立一个维护人的尊严的和平社会。提出健康的身体是健康生活的基础，健全的灵魂寓于健全的体魄，应当注重体魄锻炼与文化素质相结合。倡导增强体质、意志和精神并使之全面均衡发展，竞技优胜者不仅要技艺高强、体魄健美，而且要道德高尚、知识丰富。

奥林匹克运动作为培养人的一片沃土，是对人进行全面发展教育的过程。通过体育活动磨炼意志、增强体质，发展和提高思维能力，塑造完善的人格。顾拜旦说：体育是增强民族体质、矫正畸形身躯的最直接的途径，是培养荣誉心和公正无私精神的理想手段。他的《体育颂》高度颂扬了体育的作用，鼓励人们积极投身体育运动，不仅拥有健康的体魄，而且拥有良好的素质，成为高尚、公正、坚强、聪明、健美的人。

（2）促进团结友谊

奥林匹克运动的最高目标是要通过体育活动的手段，把世界不同国度、不同种族、不同语言、不同宗教信仰的人们凝聚到一起，使大家相互交往，增进了解和友谊，进而为建立一个维护人的尊严与更美好的世界做贡献。古代奥运会以橄榄枝为最高奖品，象征吉祥、友谊与和平。它制定了神圣休战条约，保证奥运会神圣不可侵犯。古代奥运会对制止战争、维护和平起了重要作用。现代奥运会继承这一传统，强调国家民族平等，维护人的尊严，倡导多元文化，彼此兼容，和平相处。

团结友谊是人类生存与发展的基本准则，现代奥林匹克运动反映了人类这一最强烈的愿望，从而使它具有广泛的号召性和强大的生命力。奥林匹克标志由五环组成，五环的颜色规定为蓝、黄、黑、绿、红，并从左到右互相套接，代表五大洲的团结和全世界的运动员在奥林匹克运动会上欢聚一堂。现代奥林匹克运动试图筑起沟通各国人民之间联系的桥梁，是连接各国人民团结的纽带，增进不同民族、不同文化的人们之间的互相了解，促进世界和平，减少战争威胁，因而它成为世界和平事业的一个重要组成部分。

（3）体现公平竞争

奥林匹克是一种以竞技体育为主要活动内容的体育运动。竞争是竞技体育的突出特点，它具有激烈的对抗性和鲜明的娱乐性。在比赛中，运动员之间通过剧烈的身体接触和对抗，分出胜负，既锻炼了自己的身体，磨炼了意志品质，也为观赛者提供了健康的娱乐享受。竞争是推动人类社会进步的基本手段之一，在竞争中可以抒发雄心壮志、增长聪明才智。参加竞赛活动，就必须树立起敢争高低的竞争意识，勇于向世界强手和世界先进水平挑战，不断超越自己，超越他人，超越世界最高纪录，这是人类前进的动力。

奥林匹克倡导的竞争是以公平的道德标准为前提的，强调"体育就是荣誉，但荣誉公正无私"。这是对人的尊严的维护，也是实现奥林匹克宗旨的保证。古希腊公平竞争的范围仅指希腊血统的男性公民，占人口一半的妇女和人数上大大超过公民的奴隶及异邦人则与此无缘，而现代奥运会对全世界所有人开放，运动员处于完全平等的条件下，遵守规则，凭借自身的能力，光明磊落地进行比赛，这是真正的公平竞争。这种公平竞争原则表现为：在由组织者统一提供的具备同一条件的场地内，在完全对等的比赛规则之下，在裁判者的公平执法尺度下，竞赛者完全凭借自己强健的身体、机敏的头脑、良好的反应力及控制力去战胜对手，获取胜利。只有在这种公平规则的基础上，体育运动才富有独特的魅力，竞赛的胜负才有真王的意义。

（4）强调奋力拼搏

奥林匹克运动倡导从奋斗中求得幸福的人生态度，倡导最大限度地挖掘自身的潜力，向自身体能、生命的极限挑战，勇敢竞争、奋力拼搏是实现生命价值的真谛。赛场上的奋斗是人类奋斗的缩影、拼搏的艰辛、竞争的激烈，不仅对场上运动员有直接刺激，而且对场下众多的观众，尤其是青少年有着更深远的教育意义。奥运会的格言表达了奥林匹克运动不断进取、永不满足的奋斗精神和不畏艰险、勇攀高峰的大无畏精神。奥运金牌是由一首首拼搏之歌铸就而成的，它凝聚着运动员和教练员无数的心血和汗水，更反映了对人类崇高理想、品质、意志和能力的不懈追求。

（5）提倡重在参与

奥运会的名言是"参加比取胜更重要"。体育不仅仅是技术与体能的较量，更是精神、斗志和气势的较量，因此过程比结局更重要。奥运会为每名参加者提供了夺取金牌的机会，但金牌只青睐于那些永不放弃一切机会与希望的顽强追求者，这是夺取胜利的思想内涵，是体育的精髓。在体育比赛中，冠军只有一个，要努力去争、去拼，这是每个参赛者应有的追求。有的运动员明知可能拿不到冠军，甚至连铜牌都拿不了，但他们不甘失败，而是尽力去争、去拼，这种精神尤其值得鼓励和倡导。

奥林匹克文化的内涵丰富，包含着整个奥林匹克运动各种活动的全部过程，集中体现为和谐发展、团结友谊、公平竞争、奋力拼搏、重在参与等方面。和谐发展、团结友谊体现着奥林匹克运动的宗旨和目的，公平竞争、重在参与体现奥林匹克运动的法制原则和行为规范，奋力拼搏则体现了奥林匹克运动的进取精神和思想境界。这些都是人类的精神财富，是人类对真、善、美的追求，是人类崇高理想的体现。这也正是奥林匹克文化对世界发展产生积极影响的原因所在。

第六章 体育教学与体育文化融合的理论研究

在公共体育教学中，体育文化的融合是非常重要的，能够增加学生对体育的兴趣和理解，促进身心健康的全面发展。

第一节 公共体育教学中体育文化的融合

自改革开放以来，我国越来越重视公共体育教学，尤其对体育教学中的体育文化异常重视。而在以往的高校教学中，往往呈现出重视体育健康、轻人文教育的倾向。各大高校不断增加公共体育课的课时，却未曾想到对学生进行体育心理健康等知识的辅导，只是一味地赶课程要求，提高学生生理机能，而忽视将公共体育教学与体育文化相融合。

一、当今高校公共体育教学的现状

一个国家国民体质的高低往往决定了这个国家未来发展的快慢，而文化素养的多少代表了整个国家的精神面貌，两者密不可分。公共体育教学离开了体育文化就好比无源之水，无本之木，失去了核心与灵魂。但是，如果单单追求体育文化，忽视体育运动的重要性，那岂不是等同于舍本求末？现今高校在公共体育教学中也存在很多问题，如果不加以改变，后果不堪设想。因此，教育者应当将公共体育课的健身性与人文性相统一，使得两者齐头并进、共同发展。

（一）高校公共体育教学师资力量

显而易见，在任何一个高校当中，体育老师的人数相对而言都是较少的，并且教师水平参差不齐，高级职称的老师较少，而大多都是管理层，很少或无法抽空安排到日常教学之中。大多数体育老师年龄较小、职称较低。这些都不利于公共体育教学有序、健康开展。

（二）高校公共体育教学内容

当今高校开展公共体育教学，会给予同学多种选择，例如篮球、乒乓球、足球、羽毛球、健美操、太极等。当然，也会据此作为上课内容，在相应场地教授相关技能。如若是教授羽毛球，一般会教授同学握拍、发球、击球等相应技能，常常忽视教授裁判规则、一些基本的常识内容，忽视蕴含其中的体育文化以及相应健康知识，老师也未曾将公共体育教学与体育文化相融合。

（三）高校公共体育的教学模式

在一般的高校中都会设置体育课。一般情况下，在一年级开设体育的公共基础课，由学校统一安排学生上课，上课内容一般是太极。但是这样的安排存在很大的局限性，一则学生没有选择的余地，不能充分发挥学生的兴趣爱好。二则开设的内容较简单，没有达到强身健体的目的。进入大学二年级之后，学校会开设体育选修课，开设多种多样的课程供学生选择。表面上看如此设置课程合理，还能调动学生的积极性，实则不然，课程有很大一部分会和上一学年的内容重复，且全校学生一起抢课也是一大问题。

学生缺少兴趣。众所周知，兴趣是最好的老师。但是目前在高校开展的一些体育课程往往枯燥乏味，老师教学方式单一，学生往往不感兴趣，且经过了高考之后，学生普遍认为体育是不重要的科目，可有可无，因此对于老师在课堂上教授的内容往往是照葫芦画瓢，为了应付最后的体育考试，试想，若是学生消极对待课程，对老师教授的内容不感兴趣，而老师往往教授的是一些有关相应课程的枯燥乏味的知识，也很少有老师将体育与其中的文化串连在一起的，老师上课无聊，学生懒于认真听课，如此恶性循环，是很难在短时间内改变的，又谈何将公共体育教学与体育文化相融合呢？

二、如何将公共体育教学与体育文化进行融合

随着新课程改革的推进，公共体育教学对于国民教育越来越重要。但是就目前高校的公共体育教学而言，情况不容乐观。众所周知，一所高校体育课的好坏决定了教学目标的好坏，而一所高校的品性往往是由它的最低处所决定。对于教育者而言，要是体育成为每个学生最强有力的后盾而不是软肋。想要做到这一点，重要的就是引导学生转变观念，教育者改革教学内容方法等一系列行之有效的措施。接下来，就如何将公共体育教学与体育文化相融合进行讨论。

（一）引导学生观念的转变

常言道：如若想要改变一个人，那么首先要改变他的观念、想法。在大多数学生的观念当中，体育与其他学科无法相比，高中时期可能是受高考制度影响，在学生潜意识里就觉得体育是一个放松性课程，完全不需要任何理论性的内容，学生往往上课随意散漫、无心听课。但是，为了规范学生行为、推动体育文化的融入，各高校要积极向学生宣传体育文化的重要性，强调二者"双向并举，齐头并进""无体育，不文化"，要真正将这一观念深入人心，让学生打心底里认识到文化与体育是同样重要的，从而落实到日常行为中去。

（二）改革教学内容、方法

以往的教学模式由于按部就班、内容单一，一定程度上不能满足当代大学生的学习需要。这种传统的体育教学模式，一般是学生聚集到操场上，老师教授学生一些基本的体育项目技能，老师进行演示学生自行观看，然后让学生自行练习，最后学生自由活动。这种教学模式往往枯燥、乏味，教育者应当根据学生的兴趣爱好，充分尊重学生个性的发展，开设大学生较感兴趣的体育项目，如跆拳道、篮球、瑜伽、健美操、足球等，让学生自行报名选修。而老师在教学过程中，要以讲授体育项目知识为主，穿插一些有关该项目的文化知识，尽力做到将理论与实践相结合。此外，要适当引入一些游戏，提高学生的积极性，让更多学生参与，使得课堂不再是老师一个人的"独角戏"，真正做到寓教于乐，体育与文化相融合。

（三）提高高校体育师资力量

各个高校体育教师师资力量参差不穷，而这在一定程度上也会影响体育教学与体育文化的融合。就有关研究表明，目前在高校担任体育老师的教师大多只具有本科学历，研究生、博士生往往是凤毛麟角。试想，为人师者若是没有较高的文化水平，又如何要求所教授的学生拥有高素质、高水平，谈何将体育教学与体育文化相融合？因此，作为教育者要不断完善高校体育师资队伍，努力招收一些高水平、高质量的体育老师，提高体育课的教学质量，从而加强体育与文化的融合。

第二节　体育教学离不开体育文化的引领

现如今很多学校在体育课教学中只注重对学生体育项目的训练，甚至有的学校体育课让学生自己玩耍，没有将体育文化真正地融入教学，导致学生缺乏对体育文化的了解。这种片面性的体育教学带来的影响只会让学生强身体、弱思维，出现一边重的现象。学生的全面发展不只是在身体上能够强健，在思想心理上也需要同步发展。文化是社会发展的强大动力，社会转型的基础就是做到文化转型。

一、将体育文化融入体育活动中的重要意义

（一）有利于提升学生体育素养

常说的体育素养就是学生在平日里所能够学习到的体育技能和知识，通过学习而形成正确的价值观，在为人处世和做事方式方法上有着突出的表现能力。我国现如今推行素质教育，从这个角度来讲就是让学生在本身自我发展的前提之下，通过教育培养学生的个性发展方向，让学生形成一套成熟的思想理论体系。将体育文化融入体育活动，在让学生发挥自己天性的过程中还能增强学生们对体育文化的了解，在不知不觉中对学生的体育文化素养进行提升，想要充分发挥体育文化在体育教学中的引领作用，就必须在体育活动中增加体育文化的教学内容，老师需要通过整合体育知识实现体育文化创新，让学生起到传承文化的作用。

（二）有利于转变学校教学模式

现如今，学校教学模式已经开始转变，从原本的知识灌输到结合学生心理进行教学。现代教育已经注重培养学生多重能力，体育教学要培养学生的多角度体育认识，让学生不再单纯地认为体育课就是玩耍，抛却传统的生物体育观，将学生的身体发展与个人情感素质等个人主观因素融为一体进行培养。充分调动学生在体育课堂上的参与积极性和兴趣，不断在教学过程中拓展学生能力，让学生主观能动性得以彰显，达到对学生的全面培养的目的。所以，体育教学要实现从"育体"到"育人"的教学转变，不再只追求于学生外在的体育技术水平和身体健康，而是在这个基础上也要实现学生全面发展。将传统教学体系打破，揉捏出一套新型体育教学体系，全面完成体质增强的同时也要学习体育文化知识，为学生终身锻炼打下良好基础。

二、如何在体育教学中融入体育文化教育

将体育文化融入体育教学，可以坚持"四位一体"原则，这个原则指的是学生在学校期间安排的体育课程，在课后进行体育锻炼，参与各项体育竞赛，学校也要进行校园文化熏陶这四种体育学习方法。有机结合学校教学的理论，老师传授的技能以及在课外学生进行的体育锻炼，把体育文化逐步地渗入学生的体育活动，实现培养学生体育文化的目的。

（一）改变传统教学模式

传统体育课教学模式只注重对学生体育技能培养，想要提升学生体育文化水平就要将传统模式打破。在体育课堂上营造出快乐的学习氛围，让学生在体育课上体验到学习的乐趣。将轻松的学习氛围和严谨的课堂纪律结合，多种途径组织学生交流，优化体育课堂教学环境。逐渐克服传统教学模式的影响，不再偏重于竞技化。在教学过程中像学生传递体育项目的各种文化知识，将体育锻炼的重点方法传授，培养学生良好的锻炼习惯，为学生终身体育锻炼做好铺垫。由此可见，新时代下的体育教学已经不再是技能训练，而是融合体育文化的运动体验。学校体育老师在准备体育课堂教学的时候要形成一套完整的教学理论，将知识和技能有机结合，多管齐下提高学生身心健康发展。

（二）改革课外体育活动

课外体育活动并不是体育课的一部分，而是体育课堂的一种延续。课外体育活动可以对体育课堂学到的体育能力进行补充，学校要加强对课外体育活动重视程度，组织培训老师有计划、有目的地引领学生。课外活动不拘泥于学校发放器械或者统一组织的时间，而是依据学生兴趣时间而组织活动。课外体育活动可以巩固学生课堂知识，让学习到的技术得以充分实践，又可以给学生缓解学习上的压力，形成良好的心理素质，让学生培养良好的运动习惯。需要明确的是，课外体育活动是学校体育的重要组成，同样是对学生进行体育知识能力培养的过程，在这期间要注重学生人文主义思想方面的培育，考虑其教育意义。除此之外，组织课外体育活动是多种多样的，既可以俱乐部形式进行，也可以体育兴趣小组的形式自行组织，如篮球社团、田径社团等。不仅如此，亦可以组织体育知识竞赛和体育知识讲座，让体育变得异彩纷呈。

（三）强化建设学校体育文化环境

文化熏陶是润物细无声的，体育文化培养只依靠学校体育课堂上的传授是不足的，而应该在学校大环境下组织进行。学校可以在运动场所制作体育项目宣传牌，制作宣传长廊为学生提供体育知识获取渠道。

在如今社会，人的文化素养彰显着独特魅力，起着越来越重要的作用。社会的发展进步与文化的发展进步是密不可分的。在体育教学中足以深深感受到我国体育教学并未将体育精神和体育文化融入教学，依旧停留在传授体育竞技项目技能和强化身体锻炼的低层次上面。自然也不是说技能和锻炼不重要，只是未能将体育进行全面展现出来。在以后的体育教学中，体育老师要注重与学生的全面发展，对学生各方面进行教育，让学生成为一名高素质人才。在学校教育模式中应该重视体育文化对体育的引领作用，在基础设施建设的时候就要为学生提供体育知识获取的多种途径，不能让任何一门学科只停留在单方面教育，而是更加注重全方位培养。

第三节 高校体育教学宣传体育文化的策略

随着社会主义现代化的不断推进，人们的意识形态及思想观念也在发生着巨大改变，这就突出了社会主义文化建设的重要性，在当代大学体育教育事业中，对学生人文主义精神的培养显得格外重要，以体育理论知识概念为基础，建立新的教学体制，创新管理教学理念，大力发展现代化大学体育文化事业，通过多形式，全方位将大学体育教育和体育文化相融合，强化学生的体育文化意识，全面提高学生的人文素养。

体育教育是以传统的大学体育教育和文化教育为基石演变而来的，应用到实际教学中，得到大家广泛认同。健身强国的思想到来已久，近年来，各大高校已将大学体育和体育文化相结合的教学方案落实到实际中。大学体育文化就是说，全校师生职员在学校这个主要的空间意识形态下，以学生为主体，教师作为组织者，在体育教学、体育活动、体育竞技等过程中，以及所产生的体育道德、体育精神、体育的价值观念等文化形态的所有内容的总和。

一、大学体育文化的重要性

大学体育文化具有明显的先导作用，为教学质量的提升和学生未来发展前途做贡献。

通过参与体育竞技活动，学生不仅是身体素质的锻炼，也能更好地对学习进行思考，更能感受到大学体育文化的魅力，能够培养高校学生的人文素养，帮助大学生提高对党和国家的深刻认识；大学体育文化具有高层次性的特点，学生们接受文化教育程度较高，学校也必将建立较为完善的体育器材与设施，与此同时会配备专业体校毕业的老师指导，更多专业性体育文化教材以供学生学习使用，满足高校学生的实际需求，这将极大地提高学生们接受教育的积极性，使其主动投身于体育教育活动之中；体育文化教育具有前瞻性，学校会在每个学期组织各种形式的体育竞赛活动，活跃学生们的课余生活，而我们在广泛参与学校组织的体育竞技活动也能加强与社会的接触，与时代前沿接轨，唤醒自我社会主人翁精神，增强社会责任感，明确自身定位，为以后进入社会奠定基础。

二、大学体育教育与体育文化相辅相成的途径

（一）创新管理教学理念，开创全新教学体系

为了保证高校大学体育教育与文化的整合顺利开展，就一定要因地制宜，根据实际教学状况制定和修改原有的体育教学制度，逐步规范化，认真贯彻党和国家关于素质教育的各项体育规章制度，逐步改善管理教学理念以及方式，使得高校大学体育文化在新时代特色社会主义文化中依旧保持着旺盛的生命力与自我特点。高校大学体育课程的设置应该具有广泛性及延续性，保证广大学生对该项运动充满兴趣并投身参与，这不仅仅只局限于在校期间，而得以延续到以后的工作生活当中，当作一个终生的教学目标。当今高校比较普遍的体育教学课程主要有跑步、篮球、乒乓球、羽毛球、体操、游泳、太极拳等。除此之外，多数高校只注重大学一二年级体育的教学，忽视三四年级的体育锻炼，应该适当增加一些以户外运动为主的体育教学课程，因为大四学生即将步入社会，参加社会主义现代化的建设，通过适当的体育锻炼以及文化的指引，这对于学生面对未来社会有着积极的作用。

（二）建立体育文化部，着重宣传大学体育文化

设立体育文化交流部，很大程度上提高了学生们的组织能力，管理能力以及团队合作能力，对体育教学成果有维稳作用，建立体育文化部，首先要经过校领导的同意，校方也会时刻关注文化部的建设与管理，为了保证文化部内部的正常运转，全体成员必将主动参与，进行宣传与维护，利用校刊、校报、宣传橱窗等形式，以刊登文章、图文展

示等表现手法，展示文化部的日常教学成果与内容，营造良好的体育文化气氛，也可创立本部门微信公众号平台、校园体育网页，更好地贴近学生们的生活，为大学体育文化传播提供更广阔的平台。

（三）举办校园文化体育艺术节，承办多方体育赛事

体育艺术节是以体育、健康为核心内容，以全员参与为创办理念，该节日强调以全校师生、教职员工为参与主体，结合锻炼教学、休闲娱乐为目标的体育文化活动，创新了全民运动锻炼的形式，充分调动学生们对体育锻炼的参与主动性，全面培养学生的个性发展需求，也为学生提供了一个广泛的展现自我的平台。近年来，城市大学生运动会的举办就是一个相当成功的例子。然后可以利用媒体媒介，向广大民众传播体育文化价值理念。一种理念的形成是促进具体行动的主要推动理想，学生一旦有了运动理想，进一步也就会积极投身到实际运动过程中去。因此，这种理念在社会中普遍获得了良好的反响，有效激发了广大学生参与体育锻炼的积极性，充分利用体育模范的社会影响力，带动更多人投入体育文化建设事业。

大学阶段的教育对学生今后的健康发展尤为重要，大学体育文化教学既锻炼了学生们的身体素质，又在寓教于乐中提高了学生们的人文素养，为以后学生更好地融入社会夯实基础，因此，高校教师在现有基础上促进体育教学与体育文化的有机融合，培育出更多建设中国特色社会主义的优秀人才。

第四节 高校体育文化与体育课堂教学互动

大力发展体育文化是我国新时期体育发展的目标之一，高校体育文化是我国体育文化的重要组成部分，推进高校体育文化的发展将有效促进我国体育文化的发展。

一、高校体育文化的内涵解析

高校体育文化既包含于体育文化中，也包含于社会文化中，我们要研究高校体育文化的内涵，首先必须对文化的内涵、社会文化的内涵和体育文化的内涵有一些基本了解，然后逐层分析精准把握高校体育文化的内涵。

（一）文化的内涵

文化的内涵丰厚，不同专家及学者从不同的维度对文化内涵进行了多维的解读，提

出了不同的概念。通过对不同专家与学者文化概念的梳理与总结，我们认为：文化内涵丰硕、体系庞大，从宏观维度上说它囊括了四个方面的内容，即物态文化、行为文化、制度文化及精神文化，四个方面的内容使文化的内涵更为全面、体系更为完备。

（二）社会文化的内涵

社会文化其实就是一种社会现象，我们也可以把它看作一种历史现象，是人类历史发展的一种体现，是人类在历史发展过程中物质财富与精神财富的不断创造、总结、积累的总和。广义上社会文化分为四层结构，它们分别是物态文化、制度文化、行为文化和精神文化。

（三）体育文化的内涵

对于体育文化的内涵，国内外专家及学者也众说纷纭，都提出了自己的内涵界定，尚未形成统一的内涵界定。在《体育运动词汇》中提出的体育文化的内涵：它是隶属于广义的文化，是广义文化不可或缺的组成部分，包含了通过身体锻炼来提升人之生物及精神的制度、规律、范畴及各种看得见的物质设施。体育文化是隶属于文化下位概念，是人类文化的重要组成部分之一，目前体育文化是利用身体练习提高人的生物学和精神潜力的范畴、规律、制度和物质设施。体育文化分为三个层次，分别是作为思想体系的深层和作为组织体系的中层以及作为操作体系的表层。

（四）高校体育文化的内涵

高校体育文化是指在高校校园这样一个特定的环境中所发生的各种不同的体育文化现象的总和。结合体育文化所划分的三个功能体系，高校体育文化可划分为以大学生的体育态度、价值观等体育精神文化为主的深层，以高校体育组织机构和体育制度等制度文化为主的中层和以高校体育文化资源和体育设施等物态文化为主的表层。高校体育文化具有导向性、时代性、渗透性与客观性的表征。

二、高校体育文化与体育课堂教学互动发展的意义

（一）推进高校体育文化的发展

高校是高素质人才的聚集地，是文化传播的重要阵地，高校体育文化是高校的全体

师生在体育活动、体育工作和学习中所创造和形成的精神财富和文化氛围的总和。体育课堂教学与高校体育文化互动发展，将有效推进高校体育文化在物态文化、制度文化和精神文化方面的发展。

（二）推进高校体育课程改革的发展

教育部颁布的《全国普通高等学校体育课程教学指导纲要》明确指出，体育课程是实施素质教育和培养全面发展的人才的重要途径，要求体育课程的整个教学过程既要实现体育技能传授，又要实现促进学生的身心和谐发展和文化科学教育等方面知识的提升。融入明确的高校体育文化教学内容的体育课程改革能更好地促进体育课堂教学目标体系的完成，满足体育课程改革的需要，推进高校体育课程改革的发展。

（三）促进高校人才培养质量的提升

高校应坚持以人为本、推进素质教育作为教育改革发展的战略主题，将提升人才培养的质量作为主要任务。高校体育文化育人将更加科学系统地引入高校体育课堂教学，有效提升大学生的职业素养养成和职业核心能力的提升，将有效提高高校的人才培养质量。

（四）促进学生终身体育意识的养成

高校是学生终身体育意识养成的沃土，高校有浓郁的文化氛围，大学时代是学生正确的世界观、人生观、价值观形成的重要时期。体育课堂是终身体育意识养成的第一课堂，高校校园体育文化活动是终身体育意识养成的第二课堂，将第一课堂和第二课堂有效连接，使高校体育文化传播途径融会贯通，有效促进高校学生终身体育意识的养成。

三、高校体育文化与体育课堂教学互动发展模式的构建

（一）嵌入模式

将高校体育文化植入体育课堂。高校体育课是学校体育的重要组成部分，也是体育文化传播的重要载体，将体育文化嵌入体育课堂教学能有效推进高校体育文化的发展。

首先，高校应将体育文化理论嵌入体育课堂，这有利于发挥高校体育的实践性特点，彰显其与实践对接的便捷性。高校将奥林匹克文化、体育赛事赏析、体育制度和裁判法等内容带入体育理论课，激发学生对体育理论知识的兴趣，将有效提升学生体育文化素

养。其中，高校老师可以课堂为平台，开展多种形式的集体比赛，如篮球比赛、排球比赛、足球比赛，让学生都参与，不但可以大大提升学生的体育竞技水准，增强集体的凝聚力、向心力，还可以提升他们的集体荣誉感、归属感。其比赛激烈的场景，同样动人心弦、引人入胜，奥林匹克文化、体育赛事赏析、体育制度和裁判法等内容必然无形中嵌入课堂，课堂与体育文化无形中实现了交融与交汇。

其次，高校应将传统体育项目嵌入体育实践课，将传统体育项目如舞龙、舞狮、跳竹竿、赛龙舟、武术等作为体育课课堂教学内容，在丰富教学内容的同时发挥传统文化育人功能，引领学生体验中华民族博大精深的文化内涵，激发学生的民族自豪感，加深大学生对传统文化的认识，感悟中华文化底蕴，陶冶情操。其中，武术引入课堂对大学生的影响尤为深远。高校通过课堂教学把武术引入课堂，通过专业武术老师的讲解，可以有效地培育学生的武德，譬如公正、正义、忠诚、信义等。高校教师在课堂武术教学中，形塑大学生"自强不息"及"厚德载物"的精神；引领学生形成良好的作息习惯，创新精神重塑；等等。

最后，高校应将中华体育精神嵌入体育课堂，中华体育精神以弘扬爱国主义为核心，倡导团结友爱、艰苦奋斗精神，将中华体育精神植入体育课堂教学过程目标体系，让体育课堂充满体育文化气息，促进高校体育文化和体育课堂教学共同发展。教师要通过体育课堂教学，把学生划分成不同国度，通过不同国度与中国的模拟化比赛，在竞赛中培育学生的爱国主义与团结友爱的协作精神，让爱国主义植入学生的内心，在团队配合中体悟集体的力量；培育学生的艰苦奋斗的精神。

（二）驱动模式

"互联网+"将促进高校体育文化和体育课堂教学。"互联网+"时代为高校体育文化的传播提供了新的平台，也驱动高校体育课堂快速发展。体育教师将体育技能知识和体育项目裁判法等内容标准规范的用信息化技术制作成微课、慕课等，将微课、慕课等上传至云课堂等学习平台，可以有效地消解传统体育课堂教学的弊端，利用学习平台实现师生线上线下的互动，缩短交流的距离，摆脱固定课堂和时间的限制，促进了高校体育课堂教学模式更加多样化与多元化，也促使学生体验参与获得的乐趣，满足人性被尊重的需求，促进高校体育文化和体育课程教学改革的共同发展。

一是利用好慕课，实现体育文化与体育课堂的有机交融。教师要依据高校体育教学大纲的要求，把体育裁判法、体育技能知识融入教学课件的制作，开展相关的慕课开发及设计；依据体育技能的要求，精心设计切入点，精挑细选内容，让学生能看明白、能学会。慕课的前期工作完结后，教师还要依据学生的实际状况与需要进行课前测试，如邀请部分学生观看慕课教师内容，请他们提出意见及建议，老师再修改，让最贴近学生的内容展示给学生，帮助学生形成一个完整的知识体系，满足大学生个性化、自主性学习的需求。

二是利用好微课，促进高校体育课堂教学与高校体育文化的有机交融。老师可以在制作微课时，引领学生参与进来，学生作为一支重要力量，在课程资源库建设中能够发挥重要作用，努力增强文化张力，积极发挥学生在课程资源开发中的隐性价值。譬如共同制作微课，制作裁判法相关的内容，教师可以依托我国的各项大型比赛，提出裁判法内容的重点及难点，让学生去观察大型比赛中涉及的裁判法内容，共同进行微课的相关制作，这样体育课堂的教学目标更为清晰，分层次展示针对性更强。同时，通过这种微课的集中展示，裁判法、体育技能较为抽象的知识就更为直观地展现在大学生面前，学生学习与掌握起来更为容易，学生的相关知识体系也更容易构建。微课最重要的功能是辅助实践教学。

高校体育教师可以课堂为实践平台，用微课作为教学手段，模拟体育技能，如篮球的投篮动作、足球的射门、跳远及跳高的标准动作等技能，用微课进行反复展示，学生也可以自己反复查看微课，进行重复化的训练，矫正自己的错误动作，这样可以有效地填补技能理论与技能实践之间鸿沟，提升体育锻炼的效果，让学生爱上锻炼，热爱体育课，高校体育文化便自然而然地融入学生的学习，文化人的功效就得到了有效的释放。

（三）联动模式

高校体育第一课堂与第二课堂的联动。建立高校体育第一课堂与第二课堂的联动模式将有效推进高校体育文化和体育课堂教学的互动发展。课堂教学是校园体育文化开展的基础，课外体育活动是校园体育文化发展的重要表现形式。

首先，推动与体育物态文化的联动。在开放式的高校体育场馆附近，建设文化底蕴浓厚的体育标语和体育雕塑，实现体育器材、设备的课内外资源共享，有效提升学生体育运动兴趣，培养良好的体育行为。高校为了提升大学生热爱体育、热爱大学生校园的热情，让大学生摆脱"低头族"，可以免费多开放体育场馆，让大学生充分利用各种场馆开展运动。他们在开展运动时，就会不自觉地受到体育标语及体育雕塑的影响，这些先进的理念不断植入他们的头脑，这使他们对进行体育运动的兴趣日益浓厚，良好的体育行为不断得到强化，厚重的体育文化不断滋长。

其次，推动与体育制度文化的联动。将打造体育第一课堂教学内容精品竞赛，如健美操创编比赛和武术套路比赛等活动，与打造以体育社团活动和体育文化节等为主的课外精品活动联动起来，配套建设完善的体育活动组织管理条例等，形成有力的制度保障。高校可以依据学校所在地的资源优势，如本校位于武术之乡，有丰厚的武术资源，高校就可以出台武术运动常态化的相关制度，譬如推进大学生建立武术社团，让武术在本校生根发芽，逐步成为大众化的体育运动项目。同时，建立健全比赛规则，推动武术比赛的常态化，定期进行比赛，让大学生体验武术之美，喜爱武术。高校以制度为抓手，让文化融入运动，彰显文化功能。

最后，推动与体育精神文化的联动。将体育运动精神的传播从第一课堂延伸至第二课堂，将奥林匹克精神、传统民族文化、社会主义核心价值观、弘扬爱国主义精神和实现中国梦的理想信念同校园体育活动结合起来，发挥体育教师精神文化引领者、推动者、践行者的作用，提升学生体育知识文化价值理念。教师以重大的比赛为契机，如奥运会、世乒赛、世界大学生运动会等重大赛事，引导学生观看比赛，亲身体验我国运动员为了国家荣誉，不懈奋斗、永不放弃、自强不息的精神，深刻认识到中国梦不仅是这些优秀运动员的梦，也是我们当代每个大学生义不容辞的责任，大学生要凝心聚力，为中国梦贡献一己之力。

第五节 体育院校田径课教学中体育文化的弘扬

田径运动被誉为运动之父，在体育院校中，田径课程是基础课程。而体育文化作为体育运动的核心精神，在体育院校田径课教学中弘扬体育文化，可以激发学生奋勇拼搏的意志品质，培养积极进取的道德风尚，为此在本节中笔者将结合自身的实践教学经验，对体育院校田径课教学中体育文化弘扬进行研究。

在体育院校中，田径练习方法的掌握会对学生学习其他运动技术要领产生促进作用，因此体育院校教师能够帮助学生上好田径课程至为重要。而体育文化是人在体育方面制造的一切关于物质和精神文明的总和，在文化强国的社会背景下，体育院校肩负着推动文化发展的历史使命，为此田径课程也将成为体育文化的重要传播基地。

一、体育院校田径课教学中体育文化弘扬的重要意义

田径运动被认为是一切体育项目的基础，在体育院校各学科教学中，田径学科有着

极其重要的地位。而体育文化作为社会主义文化的重要组成部分，是人在自身发展过程中，在体育方面所制造出的各项物质和精神文明的总和。在文化强国的时代背景下，体育院校能够以弘扬体育文化为出发点，在田径课教学中将体育文化渗透其中是至为重要的。如一直以来田径教学都将体育技能传授作为教学重点，学生需要机械模仿教师的动作，课程教学内容枯燥，课程教学形式单一。而弘扬体育文化的田径教学以培养学生良好的道德品质、公平意识、竞争意识为出发点，不仅要传授学生体育技能，更要培养学生健全的人格和积极进取的道德风尚，可以促使学生身体素质和心理素质得到双重提高，而这不仅是有利于推动体育院校田径课程教学变革的，也有助于高素质的体育人才培养，由此可以看出，体育院校田径课教学中体育文化弘扬具有重要意义。

二、体育院校田径课教学中体育文化弘扬研究

（一）加强理论知识学习，弘扬体育文化

理论知识与技能技巧一样，都是体育教育的重要组成部分，因此在弘扬体育文化的体育院校田径课教学中，教师可以从理论知识入手，将田径理论知识与体育文化结合在一起，从而让体育文化在学生的心中生根发芽。如在理论知识教学中，教师可以告知学生，田径运动是田赛、径赛和全能比赛的总称，其中以高度、远度计算成绩的项目称为田赛；以时间计算成绩的项目叫作径赛；以各单项成绩计算成绩的称为全能比赛，在各项体育运动中，田径运动有运动之父的美称。而这不仅仅是因为田径运动是其他体育运动项目的学习基础，更是因为远在上古时代，人们就有意识地将走、跑、跳跃、投掷作为一项生存技能，在田径运动之中体现出了"更快""更高""更强"等体育精神和人们奋发、拼搏、进取等运动品质。这样的理论知识学习，弘扬着体育文化精神的传播。

（二）把握课程突发状况，弘扬体育文化

在体育院校田径课教学中，学生难免在学习过程中遇见各种各样的问题，其中比较常见的就是锻炼过程中突然受伤，而这对于这种突发状况，笔者认为也是弘扬体育文化的重要契机，因此体育院校教师要做教学中的有心人，妥善利用好这些突发状况。如在带领学生进行田径跑步技术训练时，可能有的学生突然在跑步训练中摔破膝盖，当这种突发状况出现时，教师先要第一时间对学生的受伤状况做出分析，如只是单纯擦伤，则可以先用双氧水为学生清理，然后再帮助学生涂抹碘伏，最后贴上创可贴，让其他学生

帮忙搀扶受伤同学回教室休息。而若是成肌肉拉伤，则应该先指导学生热敷，然后让其他同学帮忙按摩处理，帮助受伤同学缓解疼痛。而在突发状况处理后，教师还可以让学生对此做出探讨，总结应对训练受伤的正确方法，这样的课堂不仅可以让学生学习到更多急救处理知识，还可以培养学生的互助精神，这无疑是弘扬体育文化的重要体现。

（三）创设直观教学情境，弘扬体育文化

在弘扬体育文化的体育院校田径课教学中，笔者认为教师还可以通过直观教学情境创设方式，从而调动激发学生的情绪，实现体育文化的渗透。如在笔者执教过程中，会带领学生观看一些国际田径大赛视频，这样做的目的是，在更为直观的情境下，让学生掌握更多的标准田径运动技能，同时向国际的一线田径运动员看齐，而在这个过程中，教师若是加以点拨，还可以实现渗透体育文化的目的。如在观看 2008 年北京奥运会 110 米栏比赛时，罗伯特作为最终的冠军选手，其很多技术要领都是值得学生学习的，但是笔者也会向学生提问，为何刘翔腿伤如此严重，还是要坚持参赛，从而让学生明白田径运动虽然是一种竞技，但其中蕴含着奋勇拼搏的积极意志，并且还代表着集体荣誉感和民族自豪感，这是刘翔坚持参赛的原因，也是田径运动员需要具备的品格精神。

体育文化作为社会主义文化的重要组成部分，在文化强国的社会背景下，体育院校各学科教学必须以弘扬体育文化为出发点，不断地对教学理念做出变革，这样才能培育出更多德才兼备的体育人才。而田径课程是体育院校内的一项基础课程，为此在今后能够不断强化体育院校田径课教学中体育文化弘扬研究十分必要。

第六节　民族体育文化与高校体育教学的融合

基于各个民族生活形成的民族体育文化具有浓厚的民族特色和娱乐色彩，民族体育内容和形式丰富，是高校快乐体育与终身体育开展的重要财富。民族体育文化与高校体育教学融合，对提高学生体育学习兴趣、丰富高校体育教学内容、改进体育教学模式具有积极的作用。因此，本节将从民族体育文化与高校体育教学融合的重要意义出发，指出当前民族体育文化与高校体育教学融合存在着民族体育文化意识不强、民族体育教学师资力量不足、民族体育资源利用不充分、高校开展民族体育教学经验不够等问题，要推进高校体育课程改革，加强民族体育资源体系建设，培育专业化民族体育师资队伍，举办民族体育文化活动，为创新高校体育教学模式和内容提供依据。

民族体育文化沉淀聚集了众多民族在不同地理环境中生活与风俗习惯等内容，民族体育文化包括丰富的内容与文化娱乐方式，具有浓厚的地域色彩和民族特色。民族体育文化为高校体育教学提供了丰富的内容资源，但是受高校经济条件、思想观念等的影响，高校利用民族体育文化开展体育教学还不够，部分高校在引进民族体育文化资源过程中仍然采用传统的体育教学模式，没有立足于体育教学实际情况与民族体育特点推进高校体育教学改革。要改变这一落后的模式，就必须促进民族体育文化与高校体育教学的融合，改进民族体育教学的思想观念，结合民族特色改善高校体育教学模式，寻找民族体育文化与快乐体育、终身体育的结合点，为改进高校体育教学现状创造条件。

一、民族体育文化与高校体育教学融合的重要意义

（一）民族体育文化为高校体育教学提供了重要的资源

首先，民族体育具有浓厚的健身性、娱乐性和观赏性功能，对大学生体育教学提供了丰富的内容资源。民族体育项目源于人们从生活、劳作、娱乐等方面所体现出来的体能、技能等内容与体育运动教学内容契合，与新时代全民健身与大学生强身健体的需要不谋而合，较强的娱乐性和趣味性可以愉悦大学生的身心。

其次，民族体育文化内涵丰富，对大学生继承和弘扬民族文化具有积极的意义。民族体育文化根植于民族特定的地理环境和人文环境中，在悠久的文化历史中，民族体育运动是每一个民族人们生活习惯、劳作、风俗等的体现，同时也体现了较强的民族人文精神、生活价值。民族体育文化是我国优秀传统文化重要的资源，对新时代大学生积极向上、艰苦奋斗与团结合作等优良品质的培养具有积极的作用，也可以民族体育文化为载体来增强大学生的民族自豪感与文化自信，可以更好地弥补高校竞技体育教学的缺陷。

最后，民族体育活动具有丰富多样的形式，从根本上来说体育运动器材要求简单，对于高校来说非常经济实用。目前高校现有的体育器材和场馆设施建设等与大学生体育运动需要还存在着较大的差距，而很多民族体育项目都是从民族人们生产生活中产生的，对体育器材和体育场地要求不高，加强民族体育活动的趣味性可以更好地满足大学生对体育活动和锻炼的要求，从而弥补了高校体育教学设备资源的不足。

（二）高校体育教学为民族体育文化传承创造了条件

首先，高校体育教学为民族体育文化传承提供了高素质人才，高校为高素质人才培

养提供了阵地，大学生经过四年的学习成为高素质人才，为继承和弘扬民族体育文化提供了重要的载体，同时承担着继承和弘扬优秀传统文化的任务。目前，民族体育文化传承困境和危机亟须解决，民族体育文化与高校体育教学融合正好弥补了这一遗憾，对激发大学生对民族文化传承和保护的决心具有积极的作用，通过大学生的宣传和传播可以让民族体育文化越来越繁荣。

其次，高校体育教学为民族体育文化传承提供了平台。民族体育文化传承需要人才和平台，高校体育教学需要丰富的体育内容资源作为支撑，而目前高校体育教学中存在着体育教学内容落后的问题，民族体育文化传承缺乏一定的平台和途径，高校体育教学为民族体育项目发展提供了平台。

最后，高校为民族体育文化的学术研究提供了重要的依据和条件。目前我国关于民族体育及其民族体育文化的学术研究内容还不多，主要集中在不同民族地区体育活动的研究，关于民族体育与文化研究还没有形成成熟完整的体系，理论研究与应用研究深度与广度还有待提升。高校容纳着一大批高素质专业化的学术研究人才和学者，在教育资源和学术资源方面具有不可比拟的优势。民族体育文化与高校体育教学融合可以利用高校体育师资力量推进民族体育的学术研究。

二、民族体育文化与高校体育教学融合存在的主要问题

（一）民族体育文化意识不强

民族体育文化与高校体育教学融合面临突出的问题就是高校师生民族体育文化意识不强。体育活动全球化严重影响了民族体育文化的发展和传承，无论是奥运会还是国际体育赛事，都是以西方体育竞技项目为主，这使得我国高校体育教学内容也是以竞技体育运动项目为主。新时代人们具有较强的竞技体育观念，体质健康观念深受竞技体育的影响，民族体育文化意识淡薄，高校师生也没有主动承担起民族体育文化传承和保护的重担。由于高校师生对民族体育文化存在着认识偏差，大大提高了民族体育文化在高校体育教学开展的难度。

（二）民族体育教学师资力量不足

受高校竞技体育与其他因素的影响，目前我国专门进行民族体育教学的高校少之甚少，虽然有部分高校在全民健身与民族体育文化传承的号召下开设了部分民族体育专业

与课程，但是从现实情况来看还没有配备一支高素质专业化民族体育师资队伍，也缺乏专门的人才培养机制。再者，目前高校从事民族体育教学的师资力量主要是其他竞技体育项目教师任职，部分专业师资力量也是聘请的兼职人员，从根本上来说无论是数量方面还是质量方面，从事民族传统体育教学的师资力量都非常缺乏。

（三）民族体育资源利用不充分

长期以来高校一直是以竞技体育内容为主，在开展民族体育教学方面认识和经验不足。新形势下虽然高校体育教学改革正在大力向民族体育内容延伸，但是由于民族体育教学经验不足导致民族体育资源利用不充分，在体育课堂上体育教师还难以高效开展民族体育活动。同时，高校没有合理利用运动会、体育节开展一些与学生体育运动兴趣相符合的活动。

（四）高校开展民族体育教学经验不够

我国少数民族在劳动生活中创造了内容丰富、形式多样的民族体育项目和活动，具有浓厚的地域色彩与民族特色。不同的少数民族具有多种民族体育项目，但是高校体育教学高度重视竞技体育，在选择民族体育项目过程中主要是选择少数竞赛项目，对于集娱乐性、趣味性、竞技性等于一体的民族体育项目引进不足，使得高校开展民族体育教学经验不够，这造成了高校民族体育教学不科学的问题。

三、高校体育教学与民族传统体育资源整合的对策

（一）加强民族体育资源体系建设

首先，要动员高校体育师资力量投入当地民族风情与民族体育文化项目研究，挖掘集多种功能于一体的民族体育项目，并结合当代大学生心理特征和学习兴趣来编写不同项目与不同阶段学习的民族体育教材。

其次，以新课程标准为依据进一步收集、整理和筛选民族体育项目，结合高校体育教学改革需要打造具有民族特色的体育教学体系。

最后，结合体育运动项目分类如室内与室外项目、冬季与夏季项目、低年级与高年级项目等来分类和筛选民族体育项目，整合民族体育项目资源，推进全民健身中高校体育教育资源体系的建设。

（二）培育专业化民族体育师资队伍

民族体育文化传播与弘扬仅仅依靠高校这一平台是远远不够的，还需要一支高素质专业化的民族体育师资队伍作为支撑。培育专业化民族体育师资队伍，健全民族体育师资队伍的培养机制迫在眉睫。高校要根据实际情况在开设新的民族体育课程的基础上，要动员力量和投入资金去挖掘和聘请民族体育专家和能手。一方面，促进他们进入高校体育教学师资队伍，为夯实高校民族体育教学师资力量的基础创造条件。另一方面，以培训班、研讨会、实践活动等途径加强对高校现有体育师资队伍的培训，进一步转变高校现有体育教师队伍的教学观念，巩固和提升关于民族体育教学知识和技能。此外，要创造条件组织优秀的体育教师到民族地区去感受和进行学术研究，为民族体育文化与高校体育教学融合搭建平台。

（三）深入推进高校体育教学改革

推进高校体育课程改革是合理开发和利用民族体育文化资源的基础与前提条件，对民族体育文化与高校体育教学更好地融合发展创造了条件。目前部分高校正在想方设法推进体育教学改革，并积极挖掘和开发本土民族体育活动项目到高校体育课程体系中来。但是目前我国高校体育教学内容以竞技体育项目为主，要改变这一局面只能结合民族体育文化特点和特色促进体育教学改革，让高校真正成为民族体育文化传承和弘扬的平台。同时，为了民族体育文化在高校体育教学中得到可持续地利用和发展，要建立完善的民族体育教学评价体系，以教师互评、学生评价等方式来促进民族体育文化稳定发展。

（四）举办民族体育文化活动

要让大学生成为民族体育文化的传承者和保护者，高校还需要举办丰富多样的民族体育文化活动，为增强大学生对民族体育文化认同感创造条件。一方面，要合理利用体育教材，将民族体育文化渗透在体育教学的方方面面，以教材来增强大学生对民族体育文化的认同感，更好地宣传与普及民族体育文化知识与活动项目。另一方面，要合理利用学校体育课堂、运动会、联谊赛、友谊赛等开展丰富多样的民族体育活动，让大学生深入挖掘民族体育文化内容，增强民族体育文化认识的基础上，在民族体育文化中去继承、借鉴与创新，为推动民族体育文化繁荣发展创建更好的平台。

民族体育具有浓厚的健身性、娱乐性和观赏性功能，体现了较强的民族人文精神、生活价值，具有丰富多样的形式和内容，民族体育文化为高校体育教学提供了重要的内容资源，弥补了高校体育教学设备的不足，对丰富高校体育教学内容和改进体育教学模式具有积极的作用。同时，高校体育教学为民族体育文化传承提供了高素质人才和平台，为民族体育文化的学术研究提供了重要的依据和条件，为更好地传承和弘扬民族体育文化创造了条件。但是，目前民族体育文化与高校体育教学融合过程中存在着师资力量、教学经验、资源利用等问题，要坚持问题导向，结合民族体育文化特色推进高校体育课程改革，加强民族体育资源体系建设的基础上开发和增设民族体育课程，引进培育一支高素质专业化的民族体育师资队伍，并利用运动会、友谊赛等举办丰富多样的民族体育文化活动，为民族体育文化与高校体育教学全面融合创造条件。

第七章　体育教学与体育文化融合的创新研究

体育文化的融合可以培养学生的良好体育素养。体育素养是指通过体育运动所培养的人的身体和心理方面的素质；公共体育教学中应该注重培养学生的体育技能和乐趣，提高他们的身体素质。还应该关注学生的体育道德和体育精神的培养。教育学生遵守比赛规则、尊重他人、团队协作等。通过培养学生的良好体育素养，可以提升学生的综合素质，培养他们的健康意识和积极进取的态度。

第一节　体育素养下的高校体育教学文化品格

体育教学的文化品格的提升，很大程度上取决于高校体育教师对文化品格的塑造以及学生对体育文化品格的理解。但是就现今的体育教学现状而言，大部分高校的体育教学过程中，对体育文化教育功能不够重视，这就导致我国的体育教学文化品格的生成和塑造有着很大的困难，同时导致当前大学生体育素养的缺失。各大高校积极进行体育教学内容和教学方式的创新以及改革，着重突出体育的文化教育功能，才能通过充分利用体育教学文化品格的提升，来提高当前大学生的体育核心素养。

体育运动具有交际性、竞技性和观赏性等几个方面的特征，在高校体育教学中，往往会牵涉多个方面的文化品格。在当前高校体育教学当中，要大力倡导提高大学生体育核心素养的发展背景下，在高校体育教学当中，加强注重对大学生文化品格的教育，不仅能够更好地教育大学生形成良好的品格，还能够弥补传统体育教学中的一些弊端。因为，体育教学的文化品格，包含了精神文化、生命文化、审美文化以及民族文化等多方面的品格。通过在高校体育教学当中积极进行文化品格教育，不仅有利于帮助大学生养成良好体育习惯以及形成良好的体育意识，还能使大学生的精神世界更加丰富。因此，高校的体育教学不能只注重单纯的技能训练，还需要加强文化教育的导入，这样才能为大学生营造一个人性化的学习环境，有效提升当前大学生的体育素养，为我国体育文化的传承和体育的发展奠定良好基础。

一、当前高校体育教学文化品格弱化现状

受当前多元化文化观、教育观等的影响，当前高校体育教学文化品格出现被弱化的发展现状，其主要体现以下几种现状：

（一）体育教学文化品格不被重视

随着当前现代体育项目的多样化发展，我国高校体育课程设置了也涵盖了多个方面的内容，可以说当今高校体育教学的文化品格教育也具有多元化的特征。多元化的文化品格需要教师利用更多的时间对学生进行引导和教育。但是就目前的状况而言，我国高校设置的体育课程授课时间非常少，而且体育教学理念也相对滞后，这就给体育教师带来了很大的困难，只能以基础的技能教学为主，而忽视了对学生的体育文化培养。

（二）体育教学理念相对滞后

我国高校设置体育课程，其主要目的是保证学生身心素质的良好发展，为学生后期的学习和工作奠定良好的基础。由此可见，高校体育教学在教育中具有极其重要的地位，也有着很好的文化育人功能。体育课程与高校的专业课程相比而言，教学理念比较之后，课程时间较短，大部分师生对体育课程的重视程度不够。出现这种问题的原因具体有两个：一是我国大部分高校将体育课程安排在一、二年级，之后就不再安排体育课程，这就导致高校体育教学缺乏持续性，文化品格的系统生成受到了不利的影响；二是高校体育课程以显性教育为主，但是对于文化品格等隐性教育不够重视，甚至出现了一些脱离学生实际生活的体育课程，这不仅不利于学生体育情感和身体意识的培养，还影响了人性化的体育学习环境的营造。

（三）过分重视体育技术教学

高校的体育教学时间是有限的，所以教师往往会根据自己的重视程度来安排体育课程的讲解。一般情况下，体育老师在制订教学计划和教学内容时，总是以技术教学为主，而忽略了对学生文化品格的培养，这样容易导致教学氛围比较枯燥乏味，学生对体育课程的热情度不够。除此之外，现代教育为了迎合学生的学习需求，过于倾向于游戏化、随意化和活动化，这虽然在一定程度上满足了学生体育学习的个性化需求，但是逐步陷入了没有重点的教学困境。要知道，如果缺乏精神内涵和人文教育的培养，体育教学中

文化品格的塑造是很困难的。

（四）体育教学存在功利思想

虽然现代高校的教育不提倡"达标教育"，但是根据目前大部分高校的教学评价体系现状，还有一些学校在搞"达标教育"。多数学生学习体育课程，只不过是为了拿学分和奖学金，而不是想学到真正的技能和知识。这就使得功利思想出现在体育教学课程中，无论是学生还是老师都会受到严重的功利思想的影响，这就在潜移默化中弱化了体育文化品格的教育。与此同时，功利思想使学生和教师只注重于学习成绩，却对体育教学中的情感素质、精神状态以及文化品格有所忽视，这样不仅限制了体育素养下高校体育的发展，也不利于高校体育文化品格的塑造。

二、高校体育文化品格实施的意义

在日常的生活中，人们讨论关于体育方面的东西，不论是体育课程还是体育专业甚至是体育竞技，往往只知道其动作和技巧，而忽略了体育中所蕴含的文化品格。高校大学生喜欢体育项目，大部分学生之所以喜欢体育，是因为在体育运动中能带给自己喜悦感，或者是从小到大形成的一种习惯，而真正是因为体育文化喜欢体育的人寥寥无几。

在高校的体育教学课程中，一般将文化课分为两类，即体育外在的审美文化和体育内在的生命文化。经常进行体育运动的人能够看出他的身体的外在变化，这就是人们常说的形体美。但是这种外在形体美没有统一的定论，有的人将健康作为外在美，而有的人将健壮作为外在美。现在是一个多元化的时代，正是由于体育外在美的多种表现形式，才吸引了性格不同的大学生。随着时代发展，学生的性格逐渐多样化，在高校体育教育重视学生个性化培养的前提下，体育文化的外在表现极大地满足了学生的发展需求。

另外一个体育的内在文化是需要长期的体育学习才能表现出来的，经过长期的观察调查显示，每个人在运动的时候身体内部都会产生化学反应，这种化学反应往往会改变人们的精神面貌，长此以往就会在潜移默化中改变人们的生活方式。其实积极稳重的人往往是喜欢体育运动的人，因为在长期的体育学习中能够形成这种气质上的变化，而现代大学生正是需要这种气质。同时体育的内在文化可以逐渐改变人们的懒惰心理，这样生活才更有计划性。由此可见，在高校的体育教学中，文化品格在不同的层面上对学生有重要的意义。

三、基于体育素养下的高校体育文化品格的提升路径

(一) 制定体育教育的文化目标

为了促进高校体育教学的可持续发展，提高大学生的体育核心素养，需要对高校的体育教学目标进行调整和优化，尤其在体育教育的文化层面上需要进行不断的完善。只有全面提升高校体育教学的文化品格教育，才能彰显出体育核心素养下的大学生文化品性。在制定教学目标的时候，要注重传统的体育技术教学目标，然后结合具体的教学环境制定社会文化目标。对于现代社会而言，体育教学的文化实践是非常重要的，不断加强文化品格的教育有利于将体育教学中的隐性教育与显性教育结合起来。这样一方面能够丰富高校体育的教学内容和教学方法，使教学管理系统更加科学化和人性化；另一个方面能够营造一个更加具有文化气息的学习环境，使学生在乏味的体育运动中受到文化的熏陶。制定合理的体育教育目标，可以促进高校体育教学从单一化走向多元化，从功利化步入人性化，这是一个积极转变，也是一个有利于学生良好发展的局面。

(二) 逐步贴近学生的文化需求

在当前大部分的高校体育课堂教学当中，虽然设置了很多不同的体育项目，但是一些项目没有完整的设施，这样一来，能够为大学生提供自主选择的项目也就寥寥无几了。同时，单一的体育项目对于学生的教育功能是有限的，尤其是在文化品格方面。针对这种体育教学的现状，各大高校应该吸收多元化的体育教学内容，不断优化升级为学生制定的课程体系，同时，要保证尽可能多地选择一些贴近学生实际生活和文化需求的体育项目，将这些体育项目进行趣味化的教学设计，使得高校的体育教学更加多元化和人性化。体育教学的文化品格具有开放自主的特点，从多方面满足学生的文化需求能够有效改善现代高校的体育价值观。

(三) 注重体育教学中的情感交际

根据现今的实际教学情况来看，大部分体育活动的开设都是一个集体活动的过程，在这个过程中往往需要加强学生和老师之间的情感交际以及体育交际，这就是通常所说的交互式课堂。交互式的教学模式有利于高校体育文化品格的塑造，能为此提供有效的时间和空间。在这个教育事业不断完善的时代，高校应该积极打破传统的封闭式的教学

模式，将精力更多地用在互动性强、集体性强的体育项目教学中。这样有利于促进学生的全面发展，使学生在丰富的情感交际中受到文化的熏陶。

在体育教学中侧重于情感交际的项目有很多，比如"信任摔背""依存共渡"以及"孤岛求生"等等有趣的拓展项目。积极开设此类项目有利于促进学生之间或者学生与老师之间的信任感和依赖感，有效减少或者避免学生在体育课中的自我行为。不得不说，注重情感的体育教学是文化品格塑造的基础，学生在集体的合作中以及接触中能够产生积极的文化情感，这样塑造出来的体育文化品格才更加立体化。

（四）完善体育教学评价

虽然我国高校的教学评价一直在调整，但是仍然有很多方面存在着弊端，就比如学校尤其重视期末考试成绩，而期末考试的内容主要是学生的体育技能素质。但是对学生在体育课堂学习中出现的运动情感、收获的文化精神以及团队精神不够重视。事实上，各个方面的收获都是很重要的，对于学生未来的工作都能够有着很大的帮助。所以基于体育素养下的高校体育教学评价，需要做到过程性评价与结果性评价的良好结合，在注重考试成绩的同时要关注学生在学习过程中的其他收获。这样不断拓展多元化的教学评价，有利于现代大学生激发更浓厚的体育学习兴趣，充分调动学生的积极性，展现出多角度的体育文化品格。更重要的是，高校的体育教师还可以积极引导学生进行相互评价，学生之间的相互评价能够营造一个平等和谐的教学环境，同时提高体育文化品格的塑造。

（五）将体育文化品格融入体育技巧

随着计算机网络技术的逐渐成熟，各种各样的体育技巧在网络上广为流传，但是，不少高校的体育教学仍然保持着传统的方式。大部分高校在体育课堂中教授的热身操运动一直是一套动作，在技巧上丝毫没有改变，动作单一导致学生没有兴趣。针对这种现象，高校的体育教学应该做出一定的改变，应以学生的需求为主，遵循多元化的体育教学，可以将网络比较热闹的热身运动，融入教学并分为具体的身体部位进行锻炼。比如，从腹部、手臂、腿部等部位开始，制定简单又有效率的锻炼动作进行锻炼。教师可以让学生自己选择喜欢的项目进行练习，这样做能够使体育的外在文化极好地融入课堂教学。对于体育的内在文化，就可以通过现实的情况进行相对应的文化教学。例如，对于那些极度肥胖的学生，可以适度加大体育锻炼的强度，这样除了能够有效改变大学生身体外形，还有利于提高学生的自信，让学生的生活方式和思想观念的改变。

总而言之，高校体育发展过程中，需要不断对体育文化品格进行思考，这既是高校体育建设的重要内容，也是校园文化传播的有效途径。随着社会教育事业的不断发展，高校体育文化逐渐呈现多元化的形式，基于当前体育素养下，国内各大高校需要重视对文化品格的思考，不断突破传统观念的束缚。教育环境的好坏影响着学生的学习效率，所以营造一个"以人为本"的教育环境是极其重要的，通过完善体育教学评价，注重体育教学中的情感交际，逐步贴近学生的文化需求，逐步贴近学生的文化需求等方法不断塑造学生的体育教育文化品格，促进学生的身心健康协调发展，提高学生的体育核心素养。

第二节　体育教学文化品性的应然与培育

体育教学除承载强身健体、娱乐身心的功能之外，更是蕴藏着丰富多元、表征宽广的文化品性，因此，体育教学理应蕴含生命文化、彰显精神文化、蕴藏美学文化与折射民族文化。但当前，受教学工具主义和功利主义的影响，体育教学文化品性面临着困境，需要在教学目标上注入文化品性，在教学内容中融入多元文化，在教学过程中拓展交互空间，在教学评价上体现科学人性。

从传统观点来看，体育教学承载的是强身健体、娱乐身心的功能，其更多的是被置于教育教学的一种固有形式与学科属性，体育教学之中蕴含的文化品味与文化品格长期以来是被忽略的。但其实，体育教学作为教育和体育文化承接与传播的重要载体，是蕴藏着丰富多元、表征宽广的文化品性的，只是由于当前受来自社会和大教育环境等多重因素的影响与制约，体育教学被赋予注重于追求技巧、成绩等显性功利性价值，而其文化内涵一定程度上被人们所忽略与异化。在大力提倡素质教育与人的全面发展的今天，将体育教学置于文化的宏观视野中重新进行审视，对于重新重视体育教学的本原属性、还原体育教学的文化功能具有重要的意义。

一、体育教学文化品性的应然

（一）体育教学应蕴含生命文化

在体育科学高度发达的今天，人们对于体育运动与生命及其内在精神之间的关联认知越来越清晰，人们观赏、参与体育运动，从而对于生命的含义、生命的极限、生命的价值等愈加珍视。而从历史传统来看，中西方都认可体育是一种生命文化的表征。儒家文化中，孔子在礼、乐、射、御、书、数的六艺教育中，强调了射和御的教育，强调了礼乐和射御的结合，达到造就文质彬彬、尽善尽美人格的境界。孟子和荀子则提出了形神兼具、以动养生，学以致用、技贵于精，公平竞赛、广招贤才等思想。道家创始人老子则提出法道、贵柔、重啬、节欲、守静的思想。体育教学天然蕴藏的这些生命文化需要在教学过程中予以展现，让受教育者能够在教学中对生命文化有所感悟、有所内化。

（二）体育教学应彰显精神文化

体育精神是体育活动中因个体或群体内在意志或思想朝积极方向延展并能够对他人或社会群体产生一定影响力的作风与意识，不管是竞技体育还是群众体育，体育精神的产生都是体育活动在长期的实践过程中自然孕育产生的。总体来说，体育精神包含很多种类，是立体多元和丰富多彩的，其主要表现在：一是拼搏精神，即发挥人的意志力和信念力，在体育活动中拼尽全力、战胜自我、超越自我、勇往直前的进取精神；二是团结精神，即在体育活动中，与他人精诚合作或融入团体，积极认真地完成体育实践赋予自己的责任，共同达成特定的体育目标；三是友爱精神，即在体育活动中关心人、理解人、尊重人、帮助人，形成互帮互助、相亲相爱的友好氛围；四是科学精神，体育活动要遵循基本的身体与运动科学规律，在技战术安排、运动时间与空间、运动技巧等方面都蕴含着科学精神。因此，体育所包含的这些体育精神都理应在体育教学之中得以彰显与体现，既要将其充盈到教学活动过程之中，又要有意识地对教学对象进行输送与培育。

（三）体育教学应蕴藏美学文化

体育活动作为一种展示人的体魄、智慧与精神的实践活动，本就蕴藏着丰富的美学元素，具有较高的审美价值、观赏价值和艺术价值。一是体育活动展现了人的形体之美，人们通过体育运动强身健体，能够塑造出符合现代人审美观的健康体魄与优美身形；二是体育活动展现了人的竞技之美，体育运动尤其是高水平竞技体育运动，以其高难度、专业化、接近人的身体极限等充分展现了人类对身体能力的追求，在不同的运动项目中展现了不同的竞技景观，满足了不同人群的竞技审美；三是体育活动展现了人的艺术之美，优美的体育动作，健美的肢体语言、紧张的比赛节奏和扣人心弦的竞赛过程都给人们以美的享受，还有比赛现场的环境、色彩、灯光、音乐，运动员的服装，啦啦队的舞蹈，甚至随着比赛的进行人们欢呼、呐喊尽情地释放自己的情绪，这都是美的形式，是艺术性的体育表现。体育活动之中所蕴藏的这些多层次、多维度的美学品味要求在体育教学之中予以展现，使受教育者能够学会审视体育的美学意义，提高自身的审美情趣与审美能力。

（四）体育教学应折射民族文化

体育既是世界共通的语言，也是民族特性的表现。任何一项体育活动都有着特定的民族性和文化根源，都是从特定民族文化根基上产生并最终走向世界的。因此，民族文化是体育活动的最深层基因与密码。我国不仅有享誉世界的强国体育项目，还有众多体现各民族特征的民族体育、传统体育和群众体育，都折射着中华民族传统文化的优秀品质，体现的是中国传统文化中追求天人合一，强调的是人体发展与社会、自然的和谐之道，注重形成的是由内而外、由表及里的体育文化的升华与塑造，要求人在体育锻炼中生成人的精神品格、自我涵养和自醒品质。在体育教学中，必须把中国传统体育文化所追求的这些优异因子渗透到教学过程中，使受教育者在体育活动之中体验民族文化和传统文化，增强体育的文化觉醒与文化生成。

二、体育教学文化品性的培育

（一）体育教学目标注入文化品性

体育教学目标规定着发展方向和最终要达成的教育培养取向，是体育教学运行的"牛鼻子"。而体育教学要完成文化品性的注入与养成，必须全面修订、更新教学目标体系，要将文化品性作为体育教学的逻辑起点之一，将体育的各文化元素在人的发展中的作用与功能完整地体现于教学目标之中，使文化实践成为体育教学的常态，有利于彰显体育教学在人的成长过程中的文化价值。

（二）体育教学内容融入多元文化

要将体育的多元文化融入体育教学，要从社会现实与生活旨趣出发，建构体现文化要点的内容体系和教学形式：一是体育教学内容要输入学生生活世界。教育者要在调研的基础上充分发挥地域性、民族性、传统性比较强的体育文化资源，研究学生对体育活动关注的热点与焦点，创造或借用能够有效吸引学生兴趣能引起共鸣的体育教学内容，增强学生对体育教学的热情和主动性，并能够在参与中收获文化感知；二是体育教学内容要体现差异性，学生对于体育追求的精神世界与文化取向是有着较大差别的，要在尊重学生个体差异和精神需求的基础上以小组或团队的形式设计教学内容，往往能够让学生在课堂上享受到体育的快乐，从而在精神上产生满足感；三是体育教学内容要多样化，体育教学并非完全的以身体活动作为全部的教学内容，亦可穿插介绍讲解一些体育常识、体育故事、体育人物等内容，甚或可通过选修课的形式展现体育医学、体育科学、体育艺术等学科形式，也能够增长学生的体育文化视野。

（三）体育教学过程拓展交互空间

体育教学价值取向的转换，即要从传统具备单纯工具性课程转向兼备文化培养的复合型课程，表明其必须从过去封闭式、单向度的直线性课程，转向主客体互动、动态式调整和注重文化培养的课程。而这种转换更多地要在教学过程中予以体现，其一，体育教学主客体要充分互动，要抛弃过去教师完全主导教学过程，以活动式或项目式的教学活动为主线，教学的目的是实现教师布置的任务，而应该是师生充分商讨，双方以协商、合作、对话、交流、碰撞的方式共同来确定教学体系，在教学过程中，双方能够相对以平等、自由的姿态来完成教学活动；其二，体育教学互动要实现精神升华，体育教学过程不能仅仅是技术、技能的训练场，在完成相应运动知识与运动技巧教学内容的同时，双方要探讨体育精神、体育情感，在充分互动过程中实现彼此精神上的体验与升华；其三，体育教学时空要纵横延伸，体育教学的信息传达过去仅仅局限于课堂，要促进体育教学文化的渗入，就要逐渐打破这一时空局限，创设更多的体育教学课外实践及教学时间，鼓励学生通过自学与自我锻炼的方式将课堂延伸至课外，将体育文化融入学生的日常体育观感与实践中。

（四）体育教学评价体现科学人性

体育课程作为一种异于以文化知识为主要取向的特殊课程，长期以来在教学评价被同化为普通课程，过于追求标准化评价、终结性评价，对于学生在体育教学过程中的习惯养成、情感体验、课堂态度等缺乏足够的介入。要促进文化表征在体育教学中的实现，必须改变这种现状，实行多元差异化的评价体系。一是树立文化教学评价。体育教学评价理念决定着评价方式和评价手段，评价理论要突破传统观念，将教学功能定位于强身健体与文化自觉生成的综合体，更加注重体育文化要素在学生受教育过程中的渗透程度与效度；二是拓展评价内容，更加强调学生在体育教学过程中的知、情、意、行的综合文化评价，引导学生树立生命文化，注重弘扬体育精神，增强体育审美情趣，从而帮助学生建构完整、全面、和谐的体育教学认知；三是更新评价手段，体育教学评价要在以科学性和多样性评价的基础上，按照设定的教学目标、教学内容、学生的实际需求等，综合运用动态评价与静态评价相结合、过程性评价与结果性评价相结合、定性评价与定量评价相结合、专项性评价与综合性评价相结合的方式，建构一套科学化、人性化的体育教学评价体系。

第三节 从阳光体育文化审视高校体育教学改革

阳光体育文化是在开展阳光体育运动的背景下提出来的，对于我国高校体育教学改革来说是一场革命性的活动。在阳光体育文化的倡导下，高校的体育教学改革无论是在教学的基本出发点上，还是在体育教学模式和教育观念等方面都会受到相应的影响。高校的体育教学改革能否在阳光体育文化的影响下有新的突破，怎样推进高校教学改革是一个值得深思的问题，而阳光教育的新理念和新思路给了我们新的启发。本节从阳光体育文化背景出发，分析该背景下高校体育教学当前存在的问题，并针对问题提出推进高校体育教学改革的相关措施建议。

阳光体育文化是国家体育总局和教育部在 2006 年共同提出的一种新体育教育理念，在全国范围内实施开展阳光体育活动，并将阳光体育理念引入高等教育理念中来。高校是培养高素质人才的摇篮，大学生身体素质的高低决定着社会人才各方面素质的高低，是提升大学生综合素质的基础，因此将阳光体育文化贯彻执行是提高高校培养大学生综合素质的必然要求。由教育部和国家体育总局共同发布的《关于开展全国亿万学生阳光体育运动的决定》可以看出，全国各级各类学校中积极开展阳光体育运动的力度是不断加大的，结合《学生体质健康标准》提高大学生体质健康水平已成为高校体育教学的重要目标。

一、阳光体育文化的内涵和意义

体育运动是人类在适应自然和社会时以身体锻炼为基本手段的一项活动，目的在于改善自我身心健康水平和激发自我潜能，以适应不断变化发展的社会生活。阳光体育运动是基于"阳光"的寓意下开展的有特定目的的体育运动。从阳光体育运动的构成来看可以分为物质和精神两个部分：物质也就是硬件设施方面，这部分包括跟体育活动开展有关的体育设施设备、体育场馆寓所、体育器械和体育工作人员等；精神的部分是较为抽象存在的，保证各项体育活动顺利进行的与体育相关的规章制度、思想意识和体育文化等。阳光体育教育是注重体育教师关爱、注重学生个体发展的一种教学理念，是改变师生关系、打破传统体育教学理念的一种教学实践和教学影响。阳光体育文化主要注重以下几个方面：

1. 自由性

在实践性较强的体育教学中理论教学是基础，多样化的体育活动是根本。户外体育活动的开展是实现体育活动阳光性质的保证，不仅能够增强师生之间的情感交流，也能够吸引学生走出教室，走进大自然。

2. 全面性

阳光体育文化不仅关注高校大学生的身体健康的问题，还对大学生的心理健康问题和学习体验非常关注，强调了大学生的身体、心理和情感等多方面的综合发展。

3. 主体性

以学生个体作为教学的主体，摆脱传统以教师为主体的教学模式。阳光体育文化的主体性充分提高了学生的主动性与参与感。

二、阳光体育文化背景下高校体育教学存在的问题

（一）体育教学理念滞后

高校的体育教学在素质教育提出后有了多次改革经历，但在体育竞技和体育比赛等多种体育观的影响下，以终身教育为宗旨的素质提升体育教学观并没有得到推广，更不用说阳光体育文化所倡导的快乐体育了。在高校体育课程中，阳光体育和快乐体育的理念仅仅是止于表面。高校体育教学理念的阳光性仅仅是体现在选课自由和体育课程的宽松性上，在贯彻体育的"终身教育"和"健康教育"的理念上还有一定距离。首先是高校的体育课程每周一次，对于高校大学生而言并不能起到学生每天都能"锻炼一小时"的教学条件；其次是高校的体育教学设施和师资配备难以满足学生的个性化体育培养需要。传统的体育教学理念仍然存在于各高校的教学实践中，也正是这些滞后的教学理念在影响着高校阳光体育文化活动的开展。

（二）体育课程的内容和形式有限

高校的体育教学课程内容在体育院系以竞技类内容为主，在其他院校的体育课程中

则是以浅尝辄止的体育了解为主，忽视了体育课程内容与体育锻炼之间的有效衔接。这种忽视容易造成高校学生对体育锻炼的漠视，影响了高校终身体育教育理念的贯彻，切断了高校体育教学与高校学生体育锻炼之间的沟通桥梁。另外，在高校中体育课程是作为学校的公修课进行自由选择的，除了在第一学期开设的公共必修课外，其他体育班级都是在自由选择的基础上进行安排的，课程内容的自由选择给了学生一定的自由度。但是在缺乏完善的体育认识和重视度的影响下，高校学生选择高校体育课程的首要指标就是容易通过，而不是考虑自身的身体素质要求和锻炼需求。同时，在高校体育教学中缺乏相应的检测条件和评价。

（三）校园体育文化环境有待改善

校园的文化环境主要由硬件环境和软件环境两个方面构成：其一是校园内部存在的教学楼、图书馆等教学设施以及实验室教学设备等硬件物质要素；其二是包括制度文化、思想观念、学习氛围等在内的影响学生人生观、价值观正确形成的思想和心理方面的各要素的集合。在高校体育教学改革的影响下，各高校的体育教学设施建设都相对齐全，主要存在差异和不足的是校园的体育软环境，包括体育课程在高校教学中的受重视程度和校园体育文化的氛围打造。而这种校园体育文化的打造主要是来自高校体育活动的开展，如社团性质的体育团体组织校园运动会、校园马拉松等。阳光体育文化的教育理念是"每天锻炼一小时"，要在校园中实现这种锻炼热情，还缺乏强有力的组织领导。社团性质的体育活动开展一般只是由部分学生积极参与组织，没有相对专业的体育教师参与，一方面跟高校体育教师的科研压力和工作压力有关，另一方面跟相关的体育活动组织和指导所付出的辛劳得不到相应认可也有很大关系。

三、阳光体育文化背景下推进高校教学改革的措施建议

加大"阳光体育"教学理念的推行力度。教书育人，理念先行。高校的体育教学要树立以"终身教育"为指导的思想，将终身锻炼的体育意识植入学生的脑海，并鼓励学生积极参与阳光下的体育锻炼和体育活动。具体可以从教师和学生两个体育主体身上努力：一方面对高校的体育教师进行定期的"阳光体育文化"教学理念的培训，另一方面通过不同的校园体育活动对学生进行"阳光体育文化"理念的宣传和引导。

（一）丰富体育课程的内容和形式

体育课程内容和形式的丰富性是体现"阳光体育文化"内涵的直接手段，课程的内

容提升可以从民族性、创新性和娱乐化几个方面努力。首先是区域化的民族性课程，在不同的地域文化影响下，各高校的校园文化是有差异的，而这些差异体现在体育文化上，主要是在传统的体育项目上，积极开展这些民族性质的体育项目不仅有利于传统文化的传承创新，也有利于高校学生的眼界开阔和增加民族归属感。其次是体育课程形式的创新性，在竞技类型的体育项目上通过创新手段实现可操作性和可接受度，如调整跳高、跳远的要求来实现学生体验的满足感。最后是教学内容和形式的娱乐化，"阳光体育文化"打造的是高校学生的终身体育，并且其范围可以扩展到家庭和社会，在社会兴起"广场舞""跑酷"等运动项目时，高校的体育课程是否能够借鉴这些形式来丰富教学过程，将高校课程"娱乐化"，一方面提高高校学生的体育体验，另一方面还可以被学生带出校园，走进学生家庭和学生的朋友圈。

（二）打造良好的校园体育文化氛围

要实现"阳光体育文化"的每天锻炼一小时的教学目标，全面开展积极的校园体育文化活动是必要之举。高校校园文化氛围的营造主要是通过各种形式的文化社团和活动举办，如果高校能够把校园体育文化活动的开展归为专门的体育部门管理，做到有组织、有指导、有条件地举办校园体育文化活动，那么，高校的体育文化氛围必然有所提升。在注重学生的课余体育活动方面也可以出台相应的鼓励政策，诸如体育文化活动参与的评优评奖，党团组织和学生会对体育爱好者的吸纳和鼓励。同时，可以加强对"每天锻炼一小时"等阳光体育文化理念的宣传和引导，从环境氛围上影响学生的体育意识和锻炼习惯。

第四节　体育文化传承的内涵及在体育教学中的传承

体育教学不仅要让学生掌握相应的体育运动项目的动作技巧、活动组织规则以及相应的礼仪等，还要让学生能够感知体育文化，做好体育文化的传承与弘扬，不断提升学生的文化素养和艺术品位。在现代体育不断强化的今天，在我国成为世界体育强国的发展道路上，我国需要在现代竞技体育上不断超越，真正培养学生的体育文化素养。

一、体育文化的内涵阐释和意义分析

从大文化的视角来看，体育文化是文化的一大组成部分，不仅有着丰富多样的表现形式，更有着独特的文化内涵，体现人与自然、人与社会发展的复杂关系，展现的是人类的生活方式、人生态度、理想追求、审美创造。体育精神是人文精神的重要构成，人们更加注重物质和精神的协同发展，更加重视身心合一的全面健康发展理念。体育文化的内涵表现为精神、思想和文化礼仪三个方面，进取意识和智慧创造是体育文化的深层结构内核和特殊的精神品质；又表现为一定的公众精神或者团队精神，同时体现出相应的思维方式、价值观以及阶段性和区域性的伦理道德。人们在参与和观赏体育比赛中能够非常强烈的感知这些体育精神带来的深切感动和强烈震撼。体育思想是在体育发展史上人类逐步形成的对于体育的看法和认识，表现为关于身体锻炼、体质强化的认知，在参与实践中需要掌握和遵守的知识、技能、道德、意志品质以及各种规则意识，成为一种全社会认可的共同性体育思想。体育礼仪是体育文化具体的表现形式，也是现代体育文化突出的标志，以体育道德为核心，是体育运动和比赛中体现公平竞争、竞争律己的行为规范和活动准则。中华人民共和国以后，现代体育运动在我国得到发展和普及。改革开放以后，我国融入世界的步伐不断加快，中国文化的包容性越来越强，现代体育文化已经成为中国文化的重要组成部分，逐步融入中华文化的大母体。尤其是新世纪以来，我国全面融入全球化的格局，中国体育已经在世界体育发展格局中占据举足轻重的地位，中国文化在世界上的影响力越来越强，体育文化是展示中国文化的重要方式。体育教学需要重视体育文化的渗透，让学生能够更好地传承和发扬体育文化，实现中华民族的伟大复兴。

二、体育教学中推动体育文化传承的有效策略分析

优化良好的运动环境，营造和谐的体育文化氛围。体育教学是一项综合性实践指导活动，需要教师和学生在课堂上围绕相关的课程内容开展体育教学实践，更需要让学生沐浴在一定的文化氛围之中，让学生在耳濡目染中受到影响，在潜移默化中不断内化，在相互影响中促进和提升，在生活和学习中感知体育文化的思想、精神，掌握基本的礼仪规则和文化内涵。文化既需要一定的有形物质载体，更表现为一种氤氲的软环境，表现为一种看似无具体、实则深感其存在的无形氛围，这种氛围被称之为文化效应场。人置身于一种文化效应场时，就会在潜意识中与之发生不同程度的感应关系，在无意识中获得一种知识和思维感应，并在不自觉中逐步具备了相应的格调情韵、文化精神和人格气质。

体育文化就是校园文化的重要组成部分，也是大文化范畴中的重要构成，体育教学

需要重视体育环境和文化氛围。在体育教学注重体育文化环境的营造，体育文化氛围的渲染，能够让学生获得思想熏陶和精神浸润，学生在这样的环境中学习体育知识和技能更加高效，起到重要的催化作用。学校在运动场、体育馆以及其他文化长廊中喷绘各种体育造型图，悬挂体育明星图片，定期组织学生收看各种大型体育比赛，尤其是张贴绘制各种体育宣传标语和口号，能够让学生时刻感知体育运动项目、礼仪和精神。

注重体育礼仪讲解实践，渗透体育思想和体育精神。在体育教学过程中，让学生掌握一些常规的现代体育和民族体育运动的动作技巧和组织规则，同时注重体育礼仪的讲解和实践，让学生能够在实践中感知感悟，在运动中发扬；注重体育思想和精神的渗透，在做好基本动作的同时，感知其内在的思想意蕴，培养他们的体育文化思想。每一项运动除了掌握一定的动作技巧，还要熟悉相关的活动或者比赛规则，做到个体规范和群体规范。正规的比赛之前都有必要的体育礼仪展示。比如，入场时，每位运动员需要相互击掌鼓励，并向观众招呼示意，还要向裁判员以及对手通过握手或者拥抱的方式表达敬意。此时，从观众到解说员、到运动员再到裁判，都体现出非常规范的礼仪，直接呈现相应的体育礼仪。同时，"友谊第一，比赛第二"的宣传标语随处可见，并且在比赛中真正秉承这一原则，运动比赛中能够彰显理解、宽容和尊重等。这些体育礼仪需要体育教师在课堂上向学生介绍和讲解，更需要在课堂上让学生践行和感悟，真正成为体育运动中遵守的规则，并最终从思想深处感知企业思想和文化内涵，成为一种自觉的行动，并内化为自己的文化修养。拼搏精神和超越意识是体育的又一重要精神，每个运动员需要不断超越自我、不断超越对手，将人的潜能最大限度地激发出来。体育教学中需要强化他们这种体育精神，在运动中逐步培养和强化他们的协作意识，引导每个学生认可并尊重彼此的差异性，在尊重和配合中获得更多的归宿感、成就感和幸福感。

积极发挥教师的主导作用，创新设计组织各种运动项目。体育教学中传承体育文化，与教师有重要的关系，需要充分发挥教师的主导作用，需要教师在教学实践中更有创意的组织活动，需要创新教学实践方式。教师是整个体育教学活动的引导者、组织者和促进者，教师的思想和综合素质对学生产生直接而又深远的影响，教师本身就是体育文化的直接呈现者，并从不同方面、不同程度地对学生进行直接或者间接的影响。体育教学中渗透体育文化，让学生能够真正领悟体育的文化精神，并在实践中感知和践行，需要教师积极发挥主导作用。教师通过自己的示范，让学生直接感知体育的礼仪知识，设计不同的体育运动项目，让学生更有兴趣来学习运动项目，并感知每项体育运动背后的思想和精神。教师通过各种微课强化他们对体育文化的认同感，并在运动中让学生真正体会体育运动的公平公正思想、团结协作精神。教师有意地将一些平时个性较强、个人能力突出、团结意识相对薄弱的学生分成一组，让富有团结协作精神的学生分成一组，然后组织比赛，让他们直接感知团结协作远远胜过个人单打独斗。为学生设置一些障碍运动项目，或者针对他们的实际情况有意适当延长运动或者增强强度，让他们能够学会超越、不断拼搏，并在实践中强化他们的意志毅力，真正让他们感知体育的精神和思想。

第五节　耕读文化在体育教学中的运用

近年来，中央一号文件都是关于农村的，其中指出农村教育是科教兴国战略的重要组成部分，要培养大批有知识、懂技术的农民，发展现代农业，这就需要广大高中学校培养出优秀的高中生。随着经济的快速发展，人们的生活观念发生了很大的变化，要求更好的教育质量，要有更加强健的体魄。

通过体育教学与耕读文化的有机融合，大力弘扬"耕读、运动、关爱"三大主题思想，着力培育学生自强不息的精神、坚忍不拔的毅力，切实提升高中生的多样化发展。

一、耕读文化的内涵

耕读是一种文化品位，这正是"耕道而得道，猎德而得德""格物致知"和"知行合一"的思想被融入读书的精神和旨趣。在我国历史上，耕读文化反映的是我国文人对于恬淡人生的向往。而在现代社会，人们更多地借耕读文化来保持人生气节，是一种健康的生活方式。有"读"之"耕"，可以明心见性，强健学生体魄、历练意志、修炼品行，掌握基本劳动技能；有"耕"之"读"，促使学生增长智慧，个性成长，担当家庭与社会的责任。

二、耕读文化与体育教学的融合

陶行知指出，学生应当积极参与社会实践活动，在实践中掌握知识，要将学习教育与社会生活相结合。因此，学校倡导以"阳光体育运动"和"社会实践活动"为支撑的"耕读文化"，学校特色就是要弘扬生活教育理论，鼓励学生在实践中学习、在实践中成长。建立以"阳光体育运动"为主要支撑的"耕读文化"特色，就是要全面促进学生"阳光体育运动"持续健康开展，提高体质健康水平，为全面发展打下坚实的身体基础。

树立健康第一的思想，深入开展"阳光体育运动"项目试验。以乒乓球运动和跳绳运动为抓手，依靠"一人一绳、一人一拍"（学生在校每人 1 根跳绳和 1 把乒乓球拍），大力开展体育运动，培育学生的健康意识和锻炼技能，养成自觉锻炼的习惯，切实把阳光体育思想落到实处。

（一）耕读理念在乒乓球教学中的运用

高中体育课堂是学生锻炼身体的主要阵地，因此，教师要重视课堂体育的锻炼活动，提升他们的身体素质。在我国，乒乓球是国球，也是一个世界流行的运动项目。在此情况下，笔者将乒乓球运动作为学校"耕读文化"特色建设的一个切入点，就具有深刻的现实意义。乒乓球运动在我校具有悠久的历史传统，是我校的传统项目。在学校进一步发展乒乓球运动的背景下，体育教师就需要加强指导工作，保证学生的运动时间，从而帮助他们拥有健康的体魄。

在讲授乒乓球时，笔者会指导学生展开积极训练，要求他们进行对攻，左、右手练习，注意身体动作的协调性和进攻的准确性。其中，学生要徒手进行步伐的训练，训练自身脚步的灵活性，提高身体的灵敏度。随着课程的进行，笔者若发现有的学生心不在焉、有些疲惫，在此情况下，要果断喊停，将他们召集在一起。笔者为学生讲述我国乒乓球队的一些历史，讲述乒乓球队员奋勇拼搏、勇夺世界冠军的故事。在讲述完后，笔者会发现学生的精神状态有了很大变化，每个人都想继续进行运动。通过奥运冠军的故事，学生能够体会到体育锻炼的艰苦性，磨炼自己的意志，从而养成遇到困难不轻易放弃的意志品质，最终将自己锻炼成为一名拥有正确人生观和健康体魄的学生。

（二）耕读理念在跳绳教学中的运用

跳绳是一项非常有效的有氧运动。除了拥有运动的一般益处外，还有消耗热量、提高肺活量等很多独特的优点，特别是对心肺系统等各种脏器都有相当大的帮助，可以提高肺活量，降低患结核病的概率，从而达到强身健体、提高高考体检合格率、为高校输送合格人才的目的。跳绳运动所需的装备十分简单，只需一根绳、一身轻便衣服及一双适当的运动鞋。此外，跳绳还有不择场地、参与人数灵活等特点，是一项简单方便、容易参与推广的运动。因此，教师要进一步加强对这项运动的引导，使学生在运动中健身，在健身中培养品质、磨炼意志。

根据高中生的身体特点，笔者在误堂上引入了跳绳运动，通过此运动来提升学生的身体素质和协调能力，但是初始的教学经验较为缺乏，导致教学手段单一，学生学起来很吃力，也没有兴趣。于是，我设计了花样跳绳的方法，通过多种练习方式（如单人、多人等），培养学生对跳绳的兴趣，使他们形成良好的团队协调能力，开拓其思维，从而实现全面发展。以跳大绳为例，笔者要求全体学生排成一队竖直的队列，指导他们按照各种动作（并脚跳、收腿跳等）前进。在此情况下，学生能够养成良好的团队协调能力，尽量地帮助跟不上节奏的其他同学，从而形成互帮互助的班级良好氛围。

随着素质教育的全面深入和学校自身发展的需要，走特色发展之路，提高课堂教学水平，既是时代的召唤，也是教师充分发掘自身潜力、适应社会快速发展的必由之路。作为教育者，我们有责任和义务深入思考、认真策划、扎实推进，为转变教育观念、促进教育发展做出积极的尝试和有益的探索。笔者提出"耕读文化"特色发展理念，将其应用于高中体育教学之中，正是基于学校实际情况提出的特色发展思路，也是推进课堂特色发展、科学发展的切实之举。

第八章 体育文化遗产的传承与保护

第一节 文化遗产与体育文化遗产释义

传统体育文化属于非物质文化遗产，是中华民族创造的灿烂文化的一部分，是人类共同的骄傲。非物质文化和其他事物一样，都有产生、发展、辉煌、凋零和继承保护。非物质文化遗产是不可再生资源，随着全球化趋势和现代化进程的加快，我国的文化生态正在发生巨大变化，文化遗产及其生存环境受到严重威胁。然而，在历史的发展过程中，人们会不自觉地丢掉属于我们精神领域内本性的东西，盲目地追求外在浮华的物质。

一、文化遗产中的中国传统体育文化概述

包括中国在内的世界各个民族非常重视自己民族传统文化的挖掘和梳理。联合国教科文组织给非物质文化遗产界定为：非物质文化遗产是指被各群体、团体、个人视为其文化遗产的各种实践、表演、表现形式、知识和技能及其有关的工具、实物、工艺品和文化场所。非物质文化遗产的概念是比较宽泛的，其内容、领域等在当前进行着多方面的研究，非物质体育文化是非物质文化的子文化，研究非物质体育文化对于当前我国的体育事业来说是很重要的工作之一，不论历史是如何发展的，但是本质的原则只有一个，那就是中国传统的文化不能舍弃和丢失，甚至是遗忘。2006 年 5 月，国务院发布了第一批国家级非物质文化遗产名录，其中杂技和竞技类项目大约有 17 项，还有一些项目与我国传统体育文化有密切的关系，甚至从属于我国传统体育。比如秧歌、那达慕等。我们的祖先为世界创造了灿烂文明，这些文明有的已泯灭在历史的星空中，有的我们还能深切地感受到。文化需要传承、需要继续、需要生生不息。

古人说"苟日新，日日新，又日新"，即希望文化传承能够不断自我更新、不断发展。非物质文化遗产同文化遗产一样，承载着人类社会文明，是世界文化多样性的体现。要让中华民族傲立于世界民族之林，就必须加强非物质文化遗产的保护与传承。

二、非物质体育文化遗产保护价值

（一）体育文化遗产保护的社会价值

每一个历史时期都有自己的使命。使命取决于当前历史的发展状况和状态。我们必须把握历史必然阶段的文化交流与融合，必须清醒认识到我国非物质体育文化保护的社会价值，这就注定是我们这一代体育人的历史使命。我国非物质体育文化遗产是世世代代生息的土地上文化血脉的传承，是文化传播的基因。文化的国际交往有助于文化的交融和发展，但是有一个不变的原则就是以传承主流文化为前提。在 2005 年联合国教科文组织公布的第 3 批 "人类口头和非物质遗产代表作" 中，我国内蒙古自治区和蒙古国政府联合申报的 "蒙古族长调民歌" 入选。因此，非物质体育文化遗产可以成为国家之间文化交流与合作的桥梁、民族之间联系沟通的纽带。

（二）体育文化遗产保护的文化价值

非物质体育文化遗产是中华民族非物质文化的子文化，文化遗产虽然是历史尘封的记忆，但与过去的历史事件、历史阶段和历史人物紧密相关，是历史发展的物证，是文化遗存的活化石，对研究历史有着重要的价值。因此，非物质文化的保守价值是多元的，不同的地域散发着不同地域的文化气息。

非物质文化遗产是人类自己创造的，它的继承和保护依然要靠人类自身来维系。加强区域性保护、建立法制体系、形成自觉保护意识可对文化做最好的延承。

第二节　我国体育文化遗产的现状及发展趋势

体育文化遗产是我国非物质文化遗产的重要组成部分，它的发展保护也受到各界专家学者的重视。当前，对体育文化遗产的保护工作主要由文化和旅游部、旅游局、民委等部门在实施，在保护过程中存在不少问题，主要包括相关管理部门对体育非物质文化遗产保护重视不够，对保护文化遗产的理念不清，缺少资金，缺少完善的保护措施等。

一、我国体育文化遗产保护的现状

（一）对保护工作的紧迫性认识不到位且意识淡薄

随着世界经济一体化和文化全球化的冲击及人们生活方式的改变，人们将更多的目光投射到奥运会、亚运会。民族传统体育的发展在世界体育文化日益多元化的趋势下面临新的机遇和挑战，许多人包括体育工作者本身都认识不到体育非物质文化遗产日益恶化、加速消亡的现实，更多地把主要精力放在如何发展学校体育和竞技体育上，而很少有人关注民族传统体育，认识不到传统灵间体育文化属于不可再生资源，缺乏民间体育文化保护的紧迫感、责任感和使命感。

（二）新的社会环境变迁对体育非物质文化遗产保护的影响

体育非物质文化遗产保护要求在对某一具体对象进行保护时，不能只顾及该事物本身，而必须连同与它的生命休戚与共的生态环境一起加以保护。体育非物质文化遗产大多产生于传统社会，流传于民间，尤其是较为封闭的少数民族地区。我国传统社会是以家族、村落、社区为基础环境的农业社会，随着现代经济文明的迅速发展，传统的农耕文化向现代农业、新型工业、旅游等现代文明方向发展，传统体育依赖的环境也在不断发展变化之中，社会经济的改善与变迁是不可逆转的。因此，部分传统体育非物质文化遗产在实际保护中受到重大影响，是体育非物质文化遗产保护中的重大难题。

（三）体育非物质文化遗产保护与商业利益的矛盾

任何事情都有其合理性，对于传统体育文化等非物质文化遗产的商业开发不能横加指责，尤其是传统体育文化大多产生于落后的民族地区与农村地区，对于群众来说，参与商业表演与经营是其改变贫困落后的重要途径，外界不能单纯以商业化的理由阻止群众为改善生计而做出的努力。在西部地区，还有相当大一部分离土不离乡的人，他们同样需要提高自己的生活水平，人们不能简单地为了让他们保护世界文化的多样性、保护某种文化遗产的表现形式而固守贫穷。在市场经济体制下，周边的社会生活大都被烙上了商品经济的烙印。在这种情形下，任何将保护传统文化与市场经济分离的想法在实践中都会变得异常艰难。当前，出现了把申报非物质文化遗产当作开发旅游或者兴办其他文化产业的手段的现象，而这些非物质文化遗产的本质是广大民众的生活方式，而一旦这种生活方式被当作谋取利润的商品时，它的性质就改变了。因此，在传统文化的保护中经常面临的一个问题就是，某一特定对象需要及时保护甚至抢救与当地群众对于经济利益的追求发生矛盾时，需要依据以人为本的原则，应该尊重民族群众与地方政府追求经济发展和改善民生的努力。另外，在传统体育文化的传承和保护中最终还得依赖群众这一主体，必须在商业开发与传统体育文化保护中寻求一个平衡点。

二、我国体育文化遗产的可持续性发展

（一）吸收先进文化

我国民族传统体育在几千年的发展历程中掺杂着封建保守落后甚至是愚昧的思想，必须对其进行正确的分析、合理的选择并进行消化吸收。我国传统体育是在腐朽的封建社会中走出来的，传统社会文化封闭的价值体系及其所构成的心理和价值观念，已经不适于现代文化的发展趋势。以个体经济为基础发展起来的安于现状、不求上进、狭隘自守的保守性与现代经济的发展速度、生活理念、价值观念以及科学的社会发展观是格格不入的，所以必须加以批判地继承，发扬优秀成分，摒弃不科学的成分，借鉴现代体育科学的基本原理方法，使传统与现代相结合，只有开放、积极地接纳外来先进的文化，才能促进民族传统体育的发展。

华夏民族传统体育文化实际上是融合了许多古代民族传统体育文化而形成和发展起来的。汉唐盛世文化繁荣，体育活动丰富多彩，蹴鞠、马球运动等形式无论在规则上还是在内容上都较具先进性，这有多方面原因，吸收西域文化是其中一个重要原因。西藏吐蕃王朝时期，松赞干布迎娶文成公主，文成公主从内地带去大量唐汉文化，包括体育文化，促进了藏族体育文化的发展。白族、纳西族较早接受汉民族传统体育文化的影响，其民族体育文化发展较快。只有民族的，才是世界的，作为中华文化重要组成部分的中华民族传统体育，在经济全球化和体育全球化趋势的背景下，只有积极寻求可持续发展之路，使之既保持自身的民族特质，又汇入现代体育的共性，实现现代化发展，才能在新时代获得生存与发展。

（二）多渠道、多层次、多形式集资

民族传统体育中，许多器械落后、不安全，要改善这些基本条件，使其朝着规范化、科学化的方向发展，首先要解决资金问题。国外在开发和保护传统体育文化时，采取了

各种各样的手段和措施：一方面要加大政府投入力度，设立专项基金；另一方面，要实施差别税率，鼓励社会资金投入文化的开发和保护。

国外在传统体育文化开发与保护方面的一系列较为完善的政策、法律和规范，对于起步阶段的我国传统体育文化的发展具有积极的借鉴作用。我国少数民族聚集区大多经济发展滞后，导致传统体育的物质载体基础薄弱，因此要促进民族传统体育的发展，不能只靠国家投资，要采取多种投资形式，鼓励企业、个人和外商进行投资，开发民族传统体育，为民族传统体育的发展提供必要的设施、场馆，从而更好地贯彻全民健身计划。

（三）发展民族传统体育文化和旅游产业

多姿多彩的民族体育活动，色彩斑斓的民族体育服饰、体育用品及自然资源等形成了中华民族特有的民族传统体育文化旅游资源。来自世界各地的旅游者，带着不同的价值观，甚至是不同的文化观对民族传统体育文化旅游产品进行认同、接受和批评等，促使民族体育文化产品的设计用意、内涵加以改进，有利于民族传统体育朝着产业化、市场化的方向发展，增强民族体育文化的竞争性，促进其全面发展。

体育类文化遗产作为人类文化遗产中的重要组成部分，同样具有重要的作用。保护和利用好非物质文化遗产，对于继承和发扬民族优秀文化传统、增进民族团结和维护国家统一、增强民族自信心和凝聚力、促进社会主义精神文明建设都具有重要而深远的意义。

第三节　我国体育文化遗产传承与保护的策略

民族传统体育是民族传统文化的典型代表，保护民族传统体育文化是社会和时代提出的要求。然而，随着工业化的发展以及追求利益的思想深入给体育文化带来了负面的影响，我国民族传统体育文化呈现出的逐渐消亡的局面给人们敲响了警钟，寻找其发展的有效途径迫在眉睫。由于缺少组织和支持，研究水平参差不齐，保护与传承的方法、手段单一等，挖掘保护中投入大量的人力、物力、财力关注保护的形式和结果，很少甚至是没有考虑非物质文化遗产持续传承、存在的根本动力等至为关键的问题。因此，挖掘整理、继承弘扬我们国家优秀的民族传统体育文化是紧迫的工作，也是艰巨的任务。

一、民族传统体育文化的保护形式

人民政府为开展中国传统体育文化的保护提供了一些政策依据，如《中华人民共和国体育法》第十五条指出：国家鼓励、支持民族、民间传统体育项目的挖掘、整理和提高。但是对民族传统体育文化的保护还没有专门性的法律法规，面对当前民族传统体育文化所面临的困境，从国家政府到地方应建立起一条系统的保护政策与措施，实施"从整体到局部"的严密保护线。民族传统体育是中国人民劳动的产物，它源于劳动实践、风俗习惯和日常生活等。在我国，许多民族关于历史文化的文字记载较晚，甚至有些民族根本没有形成自己系统的文字，那么用身体语言进行历史教育就成为民族文化传承的重要方式，而体育文化就是身体语言的重要形式。由此看来，保护好民族体育的继承人与代代传授的方法是保护民族传统体育文化的重要途径。

（一）开展全国性的民族传统体育盛会

在第十一届全国少数民族传统体育运动会上，共有十七个竞技项目、三大类表演项目展开角逐。它不仅成为我国民族传统体育文化展演的舞台，更是我国各民族和谐团结、拼搏奋进的重要象征。自 1953 年第一届少数民族传统体育项目运动会成功举办以来，越来越多的少数民族群众参与，越来越多的少数民族民间体育项目被纳入比赛。从第八届全国少数民族传统运动会开始，取消金牌榜，更没有人使用兴奋剂，前八名的选手可以在同一个领奖台上领奖，在这种和谐友谊的比赛理念的影响下，没有人使用兴奋剂，这种亲和力使各民族团结在一起，和谐友好相处。这样民族传统体育项目不仅可以被很好的保护，而且比赛的角逐可以使项目本身的趣味性增加，这对民族传统体育文化的发展和传承起到了推动作用。

（二）建立民族传统体育文化保护基地

国家为了保护原始的自然环境和濒临灭绝的动物建立起了自然保护区，民族传统体育文化的保护工作可以汲取其宝贵经验，建立一系列传统体育文化保护基地，选拔优秀的继承人，开办民传教育班，培育民族传统体育文化的传承后代，改变民族传统体育项目后继无人的尴尬局面，建立民族传统体育资源开发和整理部门，发扬优秀传统体育文化，将其推向全国乃至全世界。要使宝贵的文化得到发展，民族体育基地的建立是非常有必要的，而且刻不容缓。

二、民族体育文化的发展与传承

在文化迅速变迁的背景下，对民族传统体育的批判继承和对现代体育文化的选择性吸收，是中国民族传统体育文化形成本民族特色又被国际社会认同的必经之路。现在的社会，无论哪一种文化形态的发展和开发都是以经济的发展为前提的。在中国社会主义市场经济和社会各方对文化保护事业的大力支持下，现在的任务就是选择中国特色社会主义道路，大力发展和保护珍贵的民族传统体育文化。

（一）发展电视媒体和网络信息等传播途径

电视与计算机的发展与普及给民族传统体育文化的发展提供了一条便捷而又广泛的道路。各具特色的传统体育通过一定的整理出现在荧屏上远比那些令人乏味的非黄金时段和重复播放的节目更吸引人们的眼球，通过这种方式让民族传统体育时时出现在人们的视野中，逐步走进人们的身边，加深人们对传统体育文化的了解与认识，同时能激起人民群众对传统体育文化的保护热情。将表演类的民族传统体育项目与激烈的赛事一起呈现给观众，无论是坐在观众席还是电视前的人们，都会感受到不一样的视觉冲击和激情体验。新兴媒体，如移动电视、数字广播、手机短信、网络、数字电视等作为技术支撑体系下形成的媒体形态，能将信息覆盖全国的各个角落，快捷地传递信息，不同地区、不同民族的观众同步观看赛事转播，交流自己的想法与心得，这是新的突破。

1. 民族传统体育文化的保护与传承必须重视和突出学校教育的作用

学校是社会有计划、有目的、有组织地培养人的专门场所，学校有专业的教师和丰富的体育设备，集前沿教学理论与教学内容于一身，学校是民族体育发展与传承的摇篮。经过专家的调查与研究发现，无论是中小学还是高校，民族传统体育都有作为教学内容的可行性，其发展空间较大。在学校中开展趣味性的传统体育项目，创编民族传统体育文化的教育读本，将民族传统体育文化渗透到教学活动中，逐步形成学校传统体育教育体系。我国民族传统体育的理论体系薄弱，可供参考的理论相对较少，研究理论与方法有待提升，学校有研究能力较强的专家学者，有基础理论丰富的学习团体，这是民族传统体育文化理论大幅扩展的有利因素。学校教育为民族传统体育项目推向全国提供了强大的智力支持。

2. 加大对民族传统体育文化的宣传力度，充分发挥社会教育功能

社区是社会发挥教育功能的基本单位，社区人群相对集中，居民价值取向易于整合。充分利用社区宣传栏、体育广场等场所宣传民族传统体育文化的相关知识，让人们了解传统体育，参加民族传统体育项目。这是西方体育思想入侵的时代保护民族传统体育文化的主体地位行之有效的方法。民族传统体育与全民健身相结合是实现民族传统体育发展的另一途径，《全民健身计划纲要》深入实施，在全国范围内形成了一种前所未有的健身热潮，将民族传统体育项目趣味性、表演性、健身性较强且易于开展的项目加以改造创新并与全民健身相结合，解决了全民健身场地缺乏、器材供应不足和无内容可练的困难。

（三）政府政策供给与资金投入

在民族传统体育文化保护与传承的过程中，政府应充分发挥主导地位：

1. 为民族传统体育文化保护工作提供各种政策

①对外，政府应加强民族传统体育文化与奥林匹克文化的交流，奥林匹克文化为我国民族传统体育文化的发展提供了展现平台，为它的发展带来了广阔空间。

②对内，政府应大力发展和拓展民族传统体育事业，保护民族传统体育文化存在的根基，开发民族传统体育资源，建立相应的管理部门，制定相应的政策条例，组织相应的研究团体，为民族传统体育文化的现代化转型提供智力支持。

③政府加强民族传统体育文化保护的立法工作。在人们的体育行为中只依靠道德的力量去规范，会导致一系列的问题出现。体育事业中侵权行为也是屡禁不止，如比赛转播权、赛事商标的知识产权破坏等。这些问题急待民族传统立法部门的解决。

2. 政府应给予民族传统体育文化保护工作充足的资金投入

我国民族传统体育文化起源较早，而且受民族生活方式的影响，民族传统体育项目种类繁杂，分布广泛而不均，这给民族传统体育文化的挖掘和保护带来了很大不便，大量的人力、物力如果没有政府的援助是不可能在民族传统文化保护中大有作为的。

①大力发展与民族传统体育相关的体育产业，旅游业发展前景一片光明。例如，云南省旅游收入从 2002 年的 200 亿元人民币增加到 2004 年的 360 亿元人民币，如此大的攀升幅度说明民族传统体育文化蕴含了巨大的经济价值。彩票福利事业、体育商品产业、体育娱乐事业等的快速发展为民族传统体育文化的发展提供了良好的契机，将这些项目的收入投入项目的创新与发展工作，会在减轻政府资金压力的同时，保证民族传统体育

文化的继承和发展。

②加强民族传统体育文化与现有商业文化的有机结合。民族传统体育项目具有较强的娱乐性，在政府部门、商业区等地的娱乐区建立民族传统体育项目体验广场，在放松娱乐的同时扩大了商品交易。在体育文化产业迅速发展的时代，政府应抓住时机，对民族传统体育文化的发展市场给予鼓励与支持，使具有民族特色的传统体育文化强大，走上国际并影响国际。

中国民族传统体育文化在西方体育文化的冲击下，保护工作变得紧张与迫切。民族传统体育项目的保护与发展是复杂而艰巨的任务，不能因为保护而限制了发展，发展才是民族传统体育文化的出路，而又不能因为发展丢失了民族传统体育文化所具有的中国内涵。在此种情况下，我国有必要集中一切可以集中的力量投入民族传统体育文化的保护与传承工作，无论是社会还是政府都有责任为此奉献自己的力量。当前我国民族传统体育文化的保护和传承工作还处于初级阶段，仍然受诸多不利因素的制约。要保持民族传统体育文化这种潜力资源的民族特性和时代性，应注意发挥学校的基础作用，协同政府、社会团体的呼应，为民族传统体育文化打造良好的发展与保护氛围。

第四节　高校体育文化与体育文化遗产的传承与保护

一、我国体育类非物质文化遗产保护的必要性

体育类非物质文化遗产作为人类文化遗产的重要组成部分，在人类文明的进化过程中起到了重要的推动作用。我们甚至可以从民族体育的发展轨迹看出人类文明不断进步、冲突、融合的痕迹。但是随着西方体育文化的不断强盛，世界上的民族体育活动都受到了或多或少地冲击。如何处理好西方体育和民族传统体育之间的关系以及民族传统体育的保护和发展问题，成为摆在我们面前的棘手问题。

（一）保护和传承非物质文化遗产是人类文明进程的必然要求

无论优秀的传统文化还是先进的现代文明都是人类健康成长的精神食粮。我国是一个历史悠久的文明古国，不仅有大量的物质文化遗产，而且有丰富的非物质文化遗产。保护这些非物质文化遗产，既是一个民族对历史的延续、智慧的张扬、情感的联结，也是扩展时代思想、提升社会格调、提高公众修养的途径。

（二）保护非物质文化遗产是保证世界文化多样性的重要保障

文化在不同的时代和不同的地方具有各种不同的表现形式。这种表现形式的多样性就表现为人类各族群和各社会特征的独特性和多样性。未来的世界和平只能建立在文明体系多元并立的基础上，因为只有在多元化的基础上实现的和谐，才是真正和谐；只有在东西方各国和各大文明体系独立自主和平等对话的前提下实现一致性，才是真正符合人道一致性。

保护世界各民族的传统文化，是世界各国的共识，也是各民族的普遍要求。正如联合国教科文组织指出的：尊重文化多样性，宽容、对话及合作是国际和平与安全的最佳保障之一。

（三）保护非物质文化遗产是实现社会可持续发展的重要举措

可持续发展是当代世界各国普遍关注的问题，也是科学发展观的重要组成部分。自20世纪80年代起，国际社会便提出了"可持续发展"的概念。20世纪90年代起，可持续发展问题成为联合国的重要议事日程，成为世界各国政要和学术界的共识。可持续发展就是要求我们珍视过去、立足现在、思考未来，我们不可只顾及眼前的得失、局部的利害，而不顾全盘局势。文化遗产给社会可持续发展提供了发展的土壤和精神动力。

（四）保护非物质文化遗产是实现物质文明和精神文明协调发展的重要一环

物质文明和精神文明协调发展才能有效保障人们的身心健康，才能促进人的全面发展。非物质文化遗产有许多内容属于精神文化的范畴，具有了解历史、教育后人、鼓舞人心、陶冶情操、净化灵魂的功能。精神文明为物质文明的创造提供精神动力，而物质文明为精神文明提供物质保障。传统体育文化作为精神文明中的生力军，对塑造社会形象、提高民族素质起着重要作用。

（五）保护非物质文化遗产有利于实现中华民族文化的复兴

非物质文化遗产保护是经济发展到一定程度后，民族文化面对外来文化侵蚀的一次自省和对自身文化价值的再发现；是对文化传统的回归和守护；是民族通过文化保护而实现民族精神延续的一种方式。我国文化曾经在世界文明史上扮演着重要的角色，但随着近代国力的衰退，以及西方列强军事和文化的入侵，我国文化相对西方文化而言，处于弱势的地位。随着国家现代化的推进，民族的伟大复兴也悄然落在我们这一代人肩上。保护民族文化遗产是实现民族伟大复兴的任务之一。

（六）保护非物质文化遗产有利于各民族间文化的交流和创新

联合国教科文组织在《世界文化多样性宣言》中指出：文化多样性是交流、革新和创作的源泉，对人类来讲就像生物多样性对维持生物平衡必不可少一样。从这个意义上讲，文化多样性是人类的共同遗产，应当从当代人和子孙后代的利益考虑予以承认和肯定。非物质文化遗产对保护世界文化的多样性有重要的作用，同样对于保护国内各民族的特色文化起到重要的保障作用。我国是由 56 个民族组成的大家庭，每一个民族都有自己特有的历史和文化。一些有民族特色的传统赛会和体育项目，俨然就是民族名片，保护和传承这些文化遗产，对于提高民族的自豪感和增进民族间的交流和了解有重要的意义。

（七）保护非物质文化遗产有助于维护民族团结和国家统一

非物质文化遗产具有极强的凝聚力和向心力，是维系民族团结、国家统一的基础。各民族无论大小，无论其社会处于何种发展阶段，都一律平等。各民族应该相互尊重彼此之间的文化，并相互理解和相互认同。体育作为一种无国界、跨民族的文化传播媒介，对于推进民族认同、民族和解、跨文化交流与互动起着不可替代的作用。

二、体育文化遗产的继承措施

非物质体育文化遗产犹如乱石中的金子，在疯长的荒草和堆砌的瓦砾中散发着历史的光芒，如果精心收拾，会整理出精神文化的瑰宝，如散于梳理，会埋没于匆忙的岁月。所以，非物质文化遗产的保护已是迫在眉睫的事。诚然，物质文化、制度文化和精神文化是文化的三大层次，而精神文化属于文化深层次，常被人们认为是文化的核心层次。核心精神的变化常常会引起多重反应，会波及人们生活的很多领域。因此，如何继承和保护就显得格外重要。

（一）加大宣传力度，弘扬民族传统体育文化

传承和弘扬民族传统体育需要全民参与，因此要大力推广民族传统体育。相关的工作者通过广播、电视等多种形式，让人们了解民族传统体育的丰富内涵、价值和作用。

在全球化加速发展的背景下，民族传统体育正处于消失的尴尬境地，因此要加强对民族传统体育的普及。可以邀请一些专业人士为非物质文化遗产做专题讲座，让民众了解体育的相关知识，更好地保护民族传统体育。尤其是现在的年轻人，很多人对非物质文化遗产一无所知，存在着认知缺失、记忆缺失等问题。要让人们积极地参与保护民族传统体育的活动。

（二）加强理论研究，深化发展战略

体育非物质文化遗产的传承是 21 世纪重点研究的课题，目前，我国体育非物质文化遗产的相关理论，还处于初级发展阶段，缺乏有效的宏观管理制度。早在 2005 年，《关于加强我国非物质文化遗产保护工作的意见》中就强调了非物质文化遗产的传承意义，经过多年的努力，目前关于体育非物质文化遗产的保护已经初见成果，各地区广泛发动了理论界、史学界、传统文化界的专家、学者，从历史学、民族学、体育人类学、哲学、法学、文化学等多个角度，对体育非物质文化的理论问题进行了深刻的研究。

从我国高等院校传统体育专业的设置情况来看，关于体育非物质文化遗产的传承，还处于普及阶段，缺乏关于非物质文化遗产保护的相关内容，虽然我们拥有高科技的保护技术，但是没有系统的教育意识，为了解决这一问题，必须积极弘扬关于体育非物质文化遗产的教育，将其纳入基础教育，实现学校、社会、家庭的联动，丰富体育非物质文化遗产的内容，提高全民的综合素质。

（三）加强对杰出传承人的保护以及对专业保护队伍的建设

体育非物质文化遗产有着其特定的文化基因，近年来，各地政府非常关注体育非物质文化遗产的保护，投入了大量的人力、物力和财力，而体育非物质文化遗产的保护，从根本上而言，是对传承人、传承环境的保护，其中，传承人处于核心位置。体育非物质文化遗产的可持续发展不是小打小闹，需要专业的传承队伍，将各个高院校、社会团体、科研机构中的专家学者充分的团结起来，建立一支业务素质高、专业水平好的传承队伍。

政府也要加大对传统体育非物质文化遗产保护的宣传力度，在全社会积极营造重视保护民族传统体育文化遗产的氛围。可以通过广播、电视以及各种会议、刊物、墙报扩大宣传面，并通过开设专题、专栏等方式和经常举办展示、论坛、讲座等活动，使公众更多地了解齐鲁传统体育文化遗产的丰富内涵。

（四）加强民族传统体育非物质文化遗产的学校教育传承

在保护和传承非物质文化遗产中，学校具有很好的价值系统和思维模式，对保护民族文化多样性具有很好的作用。2002 年，我国高校举行了第一次非物质文化遗产的教育与教学讨论会，指出教育在非物质文化遗产的传承中扮演着举足轻重的角色，现代教育理应肩负着传承非物质文化的责任。在学校的课程设计中，要把民族传统体育的非物质文化知识融入学校教学，在中小学开展非物质文化的教学。在大学里除了体育技术之外，同时民族传统体育应被视为非物质文化遗产。要重视非物质文化教师的培养，建立高校非物质文化遗产教学体系，加强非物质文化遗产的传承和培育，有必要将民族传统体育的非物质文化遗产从民间转移到现代大学，让学生在体育中了解传播和宣传这些民族的非物质文化。

（五）多种渠道推广民族传统体育活动

我国的体育制度是一种举国体制，应当得到国家的大力扶持，积极参加民族传统体育活动。首先，政府机构要积极开展各种形式的民族传统体育活动，以丰富群众的思想和文化生活；扩大运动会的举办次数和规模，可以提高运动员的竞争能力，提高运动员的参与度。其次，要加大对民族传统体育的投资力度，加快建设民族传统体育的基础设施，可以在现有的体育场地基础上，依托当地体育局建设运动场地。最后，要加强对民族传统体育文化的宣传和推广，使广大群众积极参加民族传统体育活动。要通过报纸、广播、电视、网络、图书等多种形式来宣传民族传统体育的知识、技术动作和规则。在政策、资金、宣传等方面，确保民族传统体育项目的健康、快速发展。

（六）重点加强区域性保护

从非物质文化遗产的地域分布特征来看，不同的地区其文化遗产是不同的，而且不同的因素是多方面的。非物质文化遗产是一个地区历史积淀的结果，与本地区的民俗、习惯、信仰有很大关系。地区的差异本质上是文化的差异。我们强调非物质文化遗产的保护，首先一点是对地区文化的认同，这是一个基本的认识，在此基础上，才有可能对非物质体育文化遗产进行继承和保护。

（七）制定管理机制，健全法律法规

关于体育非物质文化遗产的可持续发展工作，是一项系统、艰巨的工程，必须将其视为具有生命力的存在，构建出包括管理、法规、体制等在内的管理机制。体育非物质文化遗产的保护工作是一个长期的工程，我国民族众多、历史悠久，各个地区的体育非物质文化遗产的内容、形态各不相同，如果无法进行科学的统筹和规划，就难以保证工作的针对性。对此，各级政府可以成立专门的组织，建立起名录体系，完善保护制度，利用政策引导来保护体育非物质文化遗产。

与此同时，要构建完善的法制体系，现阶段关于体育非物质文化遗产的保护，只有地方性条例，缺乏应有的法律制度，健全法律法规，包括全国性法规、地方性法规、行政法规、民事法规、单项性法规、综合性法规等，以为体育非物质文化遗产的可持续发展提供法律保障。

另外，要健全关于体育非物质文化遗产保护的参与体制，协调好政府、社团组织、族群、民众之间的关系，建立符合体育非物质文化遗产特点的参与体制，遵循"政府主导，社会参与"的原则，让工作可以落到实处。

参考文献

［1］杜宇峰.民族传统体育发展与实践研究［M］.北京：中国书籍出版社，2023.

［2］王乐，孟泓州.体育教学与体育文化融合研究［M］.长春：吉林科学技术出版社，2022.

［3］叶晓阳.体育教学理论与实践探索［M］.北京：人民体育出版社，2022.

［4］谭军，郑澜.体育学创新理论研究与实践［M］.长春：吉林出版集团股份有限公司，2022.

［5］陈兴雷，高凤霞.高校体育教育与管理理论探索［M］.天津：天津科学技术出版社，2022.

［6］林晓滔.体教融合背景下学校体育的发展与创新思考［M］.北京：人民日报出版社，2022.

［7］王丽丽，许波，李清瑶.教育技术在高校体育教学中的实践探索［M］.吉林人民出版社，2021.

［8］施小花.当代高校体育教育理论与发展探究［M］.吉林人民出版社有限责任公司，2021.

［9］刘佳，南子春，马占菊.校园体育文化的建设与发展探究［M］.北京：中国纺织出版社，2021.

［10］王海燕.现代体育教学功能实现与创新应用［M］.北京：中国书籍出版社，2021.

［11］苏巍.体育教学科研与实践［M］.上海：同济大学出版社，2020.

［12］谢明.高校体育教育理论探索与实务研究［M］.长春：吉林人民出版社，2020.

［13］曹垚.现代体育教学理论与实践训练探索［M］.长春：吉林人民出版社，2020.

［14］邱伯聪，潘春辉，钟伟宏.体育多元教学论［M］.长春：吉林人民出版社，2020.

［15］胡立厚.教育管理学探索与教学实践［M］.长春：吉林人民出版社，2020.

［16］张志斌.新时代学校体育发展的理论变革与实践探索［M］.北京：中国书籍出版社，2020.

［17］王斌.高中体育教学理论与实践探究［M］.延吉:延边大学出版社,2019.

［18］冯渭宏,王霞.体育课程教学模式与改革探索［M］.长春:吉林出版集团股份有限公司,2019.

［19］邱建华,杜国如.体育与健康教学研究［M］.南昌:江西科学技术出版社,2019.

［20］冯世勇.体育文化与实践研究［M］.北京:中国政法大学出版社,2019.

［21］蒿彬.现代体育教学多元理论与实施路径研究［M］.北京:中国书籍出版社,2019.

［22］张力作.体育课程教学优化及其与信息技术融合的探索［M］.北京:中国书籍出版社,2019.

［23］王坤.青少年体育锻炼习惯养成的理论与实践［M］.上海:上海交通大学出版社,2019.

［24］汪建秋著.体育教学与体育文化融合研究［M］.长春:吉林出版集团股份有限公司,2019.

［25］高立群,王卫华,郑松玲.素质教育视域下大学生体育教学改革研究［M］.长春:吉林人民出版社,2019.

［26］张强,米晓丽,张玉金.游戏化视域下体育教学理论与实践的创新性探索［M］.哈尔滨:哈尔滨工业大学出版社,2018.

［27］王云峰,王学成.教学改革视角下体育运动开展的理论与实践指导［M］.北京:中国商务出版社,2018.

［28］贾清兰著.体育教学与体育文化融合研究［M］.长春:吉林出版集团股份有限公司,2018.

［29］赵金林著.校园体育文化建设与实践探究［M］.北京:中国书籍出版社,2018.

［30］梁帅,梁久学.体育创新研究与探索［M］.北京:北京燕山出版社,2018.

［31］田宝山.体育社会组织建设与群众体育实践探索［M］.北京:原子能出版社,2018.

［32］武勇成,史明,额尔敦朝格图.高校体育教学理论与实践探索［M］.北京:现代教育出版社,2016.